Evrenin kuralları

Yazar:
Sevdabe Mukaddasi Beyat

Sertifika No: P2142110065

Başlık: Evrenin Kuralları

Alt yazı: Motive Edici

Yazar: Sevdabe Mukaddasi Beyat

ISBN: 978-1-989880-64-7

Kapağı Formatı: Ciltsiz/Karton Kapak

Boyutlar: 14.5 cm x 21 cm

Dil: Türkçe

Ülke: Kanada

Sayfa Sayısı : 208

Baskı Tarihi: Dec. 2021

Kidsocado Publishing House
Vancouver, Canada

Telepon: 1 (833) 633 8654
Whatsapp: +1 (236) 333 7248
E-posta : info@kidsocado.com
Yayınevi Web Sitesi:

Kitapçı Web Sitesi:
https://kphclub.com

İçindekiler

Önsöz 7
Suvdabe mukeddesi bayat 7
Hayat 10
Aşk 11
Aşk cazibesi 12
Siz mıknatıssınız 14
Yaratma 18
Gerçek 24
Şükran 26
Rol oynayın 28
Karma kuralı 32
istediklerinize nasıl ulaşabilirsiniz 38
Iyimserlik 57
Arzular paneli 58
İnanç nedir? 60
Olumlu sorular hayatınızı değiştirir. 62
Zenginlik dygusu 62
Direnç göstermeyin 66
hayal etme 69
Başarı 82

İnanç 84
yaratıcı zihin 88
Allahın vaadi şudur: 95
Vurgu cümlelelri 96
dua 105
Frekans 111
direnç 122
Endişeyi bir kenara bırakın! 133
Neden istediklerimi elde edemiyorom? 136
İşaret Ve ilham 140
İnanç kuralı 141
İnançlar nasıl oluşuyorlar? 145
Nasıl sınırlayıcı inançlarmızı bulabiliriz? 146
Olumlu inançları nasıl oluşturalım? 146
Nasıl sınırlayıcı inançları değiştirebiliriz? 148
Acı ve zevk kaldıraçı 148
Bilinç ve bilinç altı 151
İyi duygular = iyi olaylar 154
Servet 158
Tevekkül 162
Sağlık 168

Evren akıllıdır 171
Nimet ayetleri 175
mutsuzluklarımızın sorumlu kim? 183
Evrim kuralı 185
Cazibe ve titreşim ve enerji kuralı 186
Hayat veren cümleler 192
Sapma kuralı 196
Sizin göreviniz ne? 199
Öz güven ve öz saygı 203
Bolluk inancı 205
Son söz 207

Önsöz

Çoğu insanlar ömürlerinin çoğu payını saadete, paraya ve servete yahud harika ilişkilere sahip olmağa harcarlar ama asla istedıklerine kavuşmazlar. Senelerce çaba dan sonra inanıyorlar ki ya şansları yok yada kader onlarla yar değil yada Büyülenmişler yada paraları ve torpiller olmalı ya da tanrı onların arzularına kavuiöasını istemiyor. Ben bunların hepsinin yalnış olduğunu demek için büradayım. Eğer ben kovuştumsa sizde kovuşabilirsiniz yer küresinin neresinde olursunuz olunuz yada hangı aileden hangı mezhepden fark etmez siz tüm arzulzrınıza kavuşabilirsiniz.

Kesinlikle rabimiz bizden daha çok arzularımıza kavuşmağı arzular(ister). Şimdiki hayatınızdan razı değilsinizse fakat bakış açınızı değiştirmelisiniz. Bu defa bana izin verin doğru inanclarla kafanızı doldurayım. Bu kitapı okumakla iyi duygular deneyeceksiniz ve istediklerinize e kader kolay kavuşabileceğinizi iyice anlayacaksınız. Paraya, sirvete ve seadete kavuşmak soluklama gibi kolay ve rahat. İçinizde bir arzunuz varsa inanı ki rabimiz ona kavuşma gücünü vucudunuzda bırakmış.

Suvdabe mukeddesi bayat

Eğer siz bu kitapı okumağa başladınızsa muhtemelen siz başarı arkasındasınız. Başaracağınıza inanın. Başarı Öğrenilebilir bir işlemdir ve okuma ve deneyimlerle onu elde edebilirsiniz. Başarılı olmak istiyorsanız asla kitap okumayı bırakmayın. Gıda gibi her gün onu kullanmağınız gerekir. Kitap ruhunuzun gıdasıdır. Sizin her şeyi öğrenmek için zamanınız olmadığı için onu başarılı insanların biyografinden öğrenmelisiiz.

Başarılı insanların sırlarına biri okumadır ve bununla Akıllarına güzel fikirler gelir. Biz ilk defa dünya çapında bir kurs başlattık. Bu kurs başarılı insanların biyografilerini kitaplarının yanı sıra size sunur. Bu kurs dünyanın 200 üzeri başarılı insanını tanıtır. Bizim internet sitemize gidip ve bu bensersiz kursu elde edebilirsiniz.

Her gün zama ayırın ve bu insanların bir tanesinin biyografisin okuyun. Elbette bunların bazısının biyografisi uzun ve bir kaç günde okuya bilirsiniz. azar azar başarılı insanların biyografisini okudukca size baiarılı olmak makul görünür ö siz başarılı insanlarla farkınız olmadığını duyacaksınız.

Söz veriyorom sizin hızınız arzularınıza kavuşmak için kaç defa çoğalacak.

Unutmayın çoğu bu yola girer ama azı devam eder. Burada size bir altın İpucunuda vereyim ve o bu ki; sır kalmakta ve devam etmektedir. Bir sene vakıt ayırın tüm fikrinizi başarılı olmak için eğitin. Başarı kedi sizin arkanızca gelecek. Kitaplarımızı ve eğitimlerimizi kullanın. Biz yalnızca size başarı yolların göstermiyoroz bunun yanısıra bir takım eğitimlerde para kazanmanız için hazırlamışız. İnternet sitemizn adresi **www.moghadasii.com**
Lutfen her kitapı içindekileri tüm anlamak için kaç defa okuyun.
Altın ipucu: gerçekçilik ve hoşgöruluk arasınada başarılı olmak için hoşgörülüğü seçiniz.

Hayat
sizin hayatınız böyledir. Hayatınızda Olumlu ve olumsuz şeyler var ve siz onları fikirlerinizle yaratarsınız. Her alanda olur olsun, sağlık, para, Ilişkiler, işiniz ve mutlulugunuz. Siz ya hastasınız ya sağlam. Fakirsiniz ya zengin. Işsizsiniz ya da işiniz var, Harika ilişkileriz var yoksa kötü. Ilişkileriniz ya iyi ya gergin ve kiritik. Işiniz tutku ve heyecanla dolu ve başarılı ya da başarısız . mutlusunuz ya mutsuz.
Mutlu yıllarınız var ya kötü ve mutsuz. Iyi ya kötü günler. Eğer hayatınızda Olumsuz durumlar olumlulardan çok sa kesinlikle bir sorun var. fikirlerinizi yeniden inceleğiniz gerekir.

Aşk

Yalnız bir güc var o da aşk gücüdür. Aşk sırf bir duygu değil. Aşk zayif ve gücsüz değil. Aşk hayatı olumlu bir gücüdür. Aşk bütün olumlu ve positivelerin nedenidir. Yüzlerce çeşitli olumlu güc var dünyada. Aşk bağlılıkla çk fark eder. Bağlılık yani bu ki siz onsuz hoş değilsiniz hoşluğunuzu onula beraber olmakta görüyorsünüz ama aşk yani bu ki her ıkısı bir biriyle olmazken hoş olub bir birini delice seveler. Lutfe aşkınıza kafes yapmayın.

Doğanın muazzam gücleri mesela yerçekimi gücü ve Manyetik gücü bizim dugularımıza görumez ama gücleri ısbatlanmiş. Aşkın gücüde aynı şekilde bize görünmez ama defalarca her bir gücden muazzam.

Aşkın gücü dünyanın her noktasında görünmektedir. Aşksız hayat yok.

Aşk her insanın ilerlemesine neden olan bir güctür.

Kastettiğiniz ve istediğiniz her bir şey ve iş aşkdan kaynaklanır. Aşkız ilerleme yok; hiç bir Pozitif güc yokduki sizi uykudan kaldırsın, çalışmağınıza, eğlenmenize, öğrenmenize, Müzik dinlemenize ve genelikle her türlü çalışmanıza neden olsun. Aşkın pozotif gücü siza hareket motivasyonu verir ve heveslendirir. Her iş yapmağınız için her isteğinize kavuşmanız iöin ve her şeyi elde etmeğiniz için.

Aşk en güclüsü ve aynı halde en bilinmeyeni.

Aşk cazibesi

Aşk cazibesi nedir? Cazibe gücü aşk gücü demek. En sevdiğiniz yemeğe çekildiğinizi hissettiğinizde, o yemeğe sevmek hissi geçiriyorsunuz. aşksız tüm yemekler sizce eşit olacak. Siz neyi sevdiğinizi ve neyi sevmediğinizi fark edemiyeceksiniz çünkü hiçbir şeye ilgi duymuyorsuz.

Cazibe kuralı ya aşk kuralı... her ikisi birdir.

Hayatıızda neyi düşüneceksiniz onu elde edeceksiniz.

Cazibe kuralına göre her ne bağış ederseniz hayatta onu geri alacaksınız. Pozotif bağış ederseniz pozotif alacaksınız. Fikirleriniz olumsuz olsa olumsuz sonuçlanacak. Pozotif bahş edin pozotif almak için. Fikirleriniz olumsuz olursa hayatınız mutsuzluklarla dolu olur. Siz nasıl bir şeyleri olumlu ve olumsuz bahş edirsiniz? Fikirleriniz ve dugularıız vasıtasıyla.

Her ne verirsiniz onu alacaksınız. Sokakta arabasının lastiği delinmiş bir kişiye yardım ederseniz kesinlikle o yardım çok hızlı size dönecek.

Aile uzvlarının birinden seni ezziyet ettiği için sınırlıysen bu sınırlanme hayatında sene dönecek.

Rabimiz kimlere aşık olduğunu ve kimleri sevmediğini bilmek istermisiniz?

- Enfâl Suresi 58. Ayet: إِنَّ اللهَ لَا يُحِبُّ الْخَائِنِينَ kesinlikle Allah hain insanları sevmez.
- Hac Suresi 38 Ayet: إِنَّ اللهَ ل يُحِبُّ كُلَّ خَوَّانٍ كَفُورٍ kesinlikle Allah hiç nankör haini sevmez.

- Kasas Suresi 76 Ayet: إِنَّ اللَّهَ لَا يُحِبُّ الْفَرِحِينَ : kesinlikle Allah Yapay mutlulukları sevmez.
- Nisa Suresi 107 Ayet: إِنَّ اللَّهَ لَ يُحِبُّ مَنْ كَانَ خَوَّانًا اَثِيمً: ziraki Allah hain ve suçlu insanları sevmez.
- Bakara Suresi 190. Ayet: إِنَّ اللَّهَ لَا يُحِبُّ الْمُعْتَدِينَ: kesinlikle Allah mütecavizleri sevmez.
- Nisa Suresi 36 Ayet: إِنَّ اللَّهَ لَا يُحِبُّ مَنْ كَانَ مُخْتَالًا فَخُورًا: kesinlikle Allah kibirci ve mağrur insanları sevmez.
- Kasas Suresi 77 Ayet: إِنَّ اللَّهَ لاَ يُحِبُّ الْمُفْسِدِينَ : kesinlikle Allah müfsitleri sevmez.
- Lokmân Suresi 18 Ayet: إِنَّ اللَّهَ لَا يُحِبُّ كُلَّ مُخْتَالٍ فَخُورٍ : Allah hiç kibirci ve mağrur insanı sevmez.
- Bakara Suresi 156. Ayet: اصَابَتْهُمْ مُصِيبَةٌ قَالُوا إِنَّا لِلَّهِ وَإِنَّا إِلَيْهِ
- الَّذِينَ إِذَا : onlar bir musibete düşerken böyle söylerler: biz allahdanız ve ona döneceğiz.
- Ali İmran Suresi 134. Ayet: وَاللَّهُ يُحِبُّ الْمُحْسِنِينَ: Allah iyi insanları sever.
- Bakara Suresi 222. Ayet: إِنَّ اللَّهَ يُحِبُّ التَّوَّابِينَ وَيُحِبُّ الْمُتَطَهِّرِينَ : Allah Tövbe edenleri ve temizlenenleri sever.
- Ali İmran Suresi 134. Ayet: وَاللَّهُ يُحِبُّ الْمُحْسِنِينَ: Allah hayırseverleri sever.
- Ali İmran Suresi 146. Ayet: وَاللَّهُ يُحِبُّ الصَّابِرِينَ: Allah sabırlıları sever.

Evrenin kuralları

- Ali İmran Suresi 159. Ayet: إِنَّ اللَّهَ يُحِبُّ الْمُتَوَكِّلِينَ :Allah Tevekkül Edenleri Sever.
- Mâide Suresi 13. Ayet : إِنَّ اللَّهَ يُحِبُّ الْمُحْسِنِينَ :Allah hayırseverleri sever.
- Tövbe Suresi 4. Ayet: إِنَّ اللَّهَ يُحِبُّ الْمُتَّقِينَ.Allah tekva ehlini sever.
- Hucurat Suresi 9. Ayet: إِنَّ اللَّهَ يُحِبُّ الْمُقْسِطِينَ :Allah adil insanları sever.

Siz mıknatıssınız
Dünya tereddütsüz nasıl düşünüyorsünüz, öylede birer birer her şeyi size geri verir. Siz yansıttığınız düşünceler ve duygularla, bir mıknatıs gibi servet, sağlık, ilişkiler, iş ve hayatınızın olayların ve deneylerin çekiyorsunuz. Paraya göre olumlu düşünceler ve duygular gönderiyorsunuzsa, size para akışına neden olan olumlu koşullar ve kişiler ve olayları çekiyorsunuz. Aksine olumsuz fikirler ve duygular para konusunda gönderiyorsunuzsa, paranı azaltan olumsuz koşullar ve kişiler ve olayları çekiyorsunuz.
Mutlu hayatı olan insanlar, onları mutlu eden konulara göre konuşarlar ve bununla hayttın çoğu nimetlerine kavuşarlar.
Neyi sevşyorsunusza ona göre konuşun ,aşk sizi serbest bırakacak.

Aşk güğüyle hiç bir şey imkansız değil. Nasıl bir durumda olduğunuz önemli değil aşk sizi kurtaracak.

Hayata ne verseniz tekrar onu alacaksanız; iyimser olsanız olumlu algılanacaksınız ve kötümser olsanız, daha fazla mutsuzluğu çekeceksiniz.

Yaşamda hiçbir olay tesedüf değildir. Siz her şeyin karşılığı alırsınız. Şans fala yok. Herşey düzen ve kurala bağlı. Bu düzeni, cazibe kuralı uyguluyor. Bir kimseyede haksızlık olmaz.

Fikirler ve sözler, dugu omadan asla yaşamda bir güce sahip değiller. Siz günboyunca çoğu konulara göre düşünüyorsunuz ama bir sonuça varmıyorsunnuz çünkü sizde güclü duygular oyandırmıyorlar.

Endişelenmeyin çünkü sizin düşünceleriniz, sözleriniz ve aksiyonlarınız güzeldir... sırf güzel bir atmosfer içinde oduğunda size aşk gönderdiğinize Garanti vermek olur ve bu aşkın kendinize döneceğine, terredüt etmeyin.

Eğer sıksık e iyi ne kötü olduğunu hissediyorusan, muhtemel pozotif bir atmosferde olduğunu zan edeceksin ama gerçek bu ki kötü haldesin. Eğer gerçekten kötü durumdasın ve durumunun ne kötü ne iyi olduğunğu hissediyorsan, böylesi de sizin kötü dutumunuzda haber verir. Ne iyi ne kötü atmosferi çoğu zaman olumsuz dugu göstergesidir ve iyi bir his değil. iyi atmosferi iyi his demek, iyi atmosferi sizin mutlu, heyecanlı, İstekli ve tutkuyla dolu olduğunuz demek.

Evrenin kuralları

Paraya göre düşündüğünüzde, sizin hisleriniz kendinizden paraya göre gönderdikleriniz yansıtar.praya düşündüğünüzde kötü atmosferiniz olsa, yeterli paranız olmadığı için, olumsuz deneyler ve koşullar geçiriyorsunuz çünkü bu olumsuz hissi fışkırtmısınız. İşinize düşündüğünüzde, hisleriniz size anlatıyor ki işinize göre hangı hissi fışkırtıyorsunuz.

İşinize göre iyi his ve atmosfer yaratınırsız, kesinlikle olumlu koşullar ve deneyler alırsınız çünkü olumlu his gösterirsiniz. Aile, sağlık yada her önemli bir konunu düşünüyorsuuz, hisleriniz size nasıl bir atmosferde olduğuuzu anlatır.

Hayat tesadüfle ilerlemir; hayat sizin düşüncelerinize tepki veriyor.

Her ne istiyorosunuz hepsi onların size verdikleri atmosferden kaynaklanır.

Şimdi nasıl hayatınızda istediğiniz iyi şeyleri elde edeceksiniz?

İyi hislerle

Siz onları kendinize cekmek için iyi hisler göndermeniz gerekir.

Para, servet ve sağlık sizi bekliyorlar onları davet etmek için.hayat koşullarınızı değiştirmeğe Kavgaya ,çelişkiye ve isyana gerek yok ; gerkli iş yalnız iyi hisler vasıtasıyla, kendinizden aşk fışkırasınız ve bununla istediğiniz şeyler kendilerini göstersin.

Her şet titreşime malikdir ö her şeyin Manyetik frekansı var.

Sizin düşüncelerinizin ve hislerinizin de Manyetik frekansları var. İyi his bu demek ki olumlu aşk ferkansı üstündesiniz. Kötü his olumsuz ferkansın üstünde olmak demak.

Ferkans belirliyor ve siz benzer ferkans üstünde olan kişileri, olayları ve koşulları mıknatıs gibi kendinize çekirsiniz.

Evrenin sırrını bilmek istiyorsanız, fikirlerinizi enerji, ferkans ve titreşime değinnerek kabullenmelisiz.

Her saniye yaşamınızı değiştirmek için bir fırsattır çünkü çoğu zaman hislerinizin nasıl değiştirmesini biliyorsonuz. Önemli değil geçmişte nasıl bir durumunuz vardı, önemli değil ne kader yaşamınızı yok ettiniz, hislerinizin değiştirildiği zaman, olumlu titreşim gönderiyorsunuz ve anında cazibe kuralı tepki veriyor. Dugunuzu değiştirdikte, geçmiş çekip gidiyor ve hayat değişmeğe başlıyor.

kelime dağarcığınızı değiştirmeğe çalışın. Korku, nifret ve iğrenç, saçmalık, darmadağın ve benzer kelimeleri kendi sozcükünüzden çıkarın çünkü bu sözcükleri dile getirdiüinizde, size dönerler yanı ki kendi üzerinize gereksiz kusurlar koyarsınız.

Neden ağzınızı gizel kelimelerle süslemiyorunuz? Fevkalade, güzel, İlginç, müthiş vc mükcmmel gibi kelimeleri kullanmak acaba güzel değilmi?

Muhtemelen atr arta çanslı olduğunuzu deneyipsiniz... yalnız bir nedeni var ve bu neden hayatta aşka kötumserlikten daha çok önem vermek.

Muhtemelen aksinide deneyibsiniz. Durum köyüye gidende felaketler art arta gelir. Bu oluyor buna göre ki siz iyimserlikten daha fazla kötümsersiniz. Fazla kötümser oldukça daha fazla olumsuzlarla karşı karşıya geliyorsunuz ve daha fazla olumsuz çekiyorsunuz. bu çok önemli bir nokta. Kendinizi bu kusurlu zincirden dışarı çekmezseniz daha kötü olayları beklemeniz gerekiyor. Eğer sabah uykudan uyanıb kendinizi sinirleri bozuk, sıkılmış ve bıkkın hissediyorsunuz mutlak birkaç gün önce düşündüklerinizi düşünün. Fikirlerinizin sürekli olumsuz olddüğünü farkedeceksiniz. Hayatınızı değiştirmek için yeter ki iyi hisler vasıtasyla her gün daha fazla iyimser olun ve Hayatın tadını sonuna kadar çıkarın. Bunun için bilerek pozitif şeyleri düşünün. Çünkü her gördüğünüz şeyin olumlu ve olumsuz yönleri vardır. Sizi bakış açınız seçiminizi belirler. Kesinlikle olumlu yönlere yönelenler rahta bir yaşam deneyecekler.

Yaratma

İlk önce istediğinizi tecessüm etmeniz gerekiyor. Tecessüm etmeden birisi bir noktaya erişmez. Unutmayın tecessüm edende iyi hissiniz sizinle olmalı. Öyle ki tecessüm ediyorsonuz tecessüm ettiğinize aşk hissi duymalısınız. İstediğinize kavüşmanıza inamanız gerekiyor ve onun için memnun olmalısınız. Eğer istediklerinizin olmamasını düşünürsüz kesinlikle noksan hissi geçireceksiniz ve kötü bir hisse kaplanırsınız.

Altın ipucu: siz isteklerinize kavüşmadan önce onları kavüşmak hissini kendinizde olüşturmalısınız ve memnun olmağa başlamalısınız. Unutmayın bütün istedikleriniz dünyada var fakat kendinizi onların yürüngesinde koymanız gerekiyor. Bu işi şukranla yapın. Her e isterseniz içtenlikle istemeniz gerkiyor. yoğun ve yakıcı şevkiniz olmadan Isteklerinize kavüşmak için yeterli gücünüz olmayacak.

Düşünceleriniz Bumerang gibidir attığında sene geri dönecektir. cazibe kuralı Fotokopi makinesi gibidir yalnış yapmaz ne versen onu teslim eder.

Her şey dünyada var yalnız istemeniz gerekir; Bu nedenle hayal ettiğiniz ev, dünyada vardır. Önceden olmasaydı tassavur etmeği imkansız olurdu.

Kendi iyi hislerinizle titreşme gönderdiğinizde, hisleriniz sizi içine alan bir manyetik alan yaratır.

Bu nedenle nereye gitseniz bu manyetik alan sizinledir. Bir ışık gibi bedeinizin etrafın sarar.

Her kişinin etrafın alan hale aslında manyetik alandır ve siz kendi manyetik alanınız özelliği nedeniyle hayatta her şeyi çekiyorsunuz. sizin alanınızın olumlu vc olumsuz olduğunu sizin alanınız bclirlcr.

İsteğinizin büyük olmağına inanmak istiyormusunuz? Lakın bü tür düşünce, sizi isteğinizden daha uzak eder. Bir şeyin büyüklüğüne gerçekte inanıyorsunuzsa aslında cazibe kuralına anlatıyorsunuz istediğiniz o kader büyük ki ona kavummak çok zor ve muhtemelen çok zaman alır ve siz haklısınız çünkü her ne düşünüyorsunuz ve hissetiyorunuz onu alacaksınız. Eğer isteğinizi gerçektn büyük zanediyorsunuz ona kavuşmak ertelenir. Lakin cazibe kuralı için büyüklük ve küçülük fark etmez hem de bu kurala zaman anlamsız.

Şuphe ve tereddütmüz bizi isteğimize kavuşmaktan uzaklaştırır ve çoğu zaman mümkün olan hibenı kaybetmeğe neden olur. İnancınızın zayıfladığını fark ederseniz, sakinleşmeniz için Tanrı ile konuşun. Allahınızın gücüne inanmalısınız. Çöğu insanlar inanmalarını söylerler ama uygulamada aksı kanıtlanır. Sabırsızlık ederler ve bazen de Tanrı'yı tüm ızdırapları için suçluyorlar ve şöyle diyorlar: tanri istemedi bize arzularımıza kavuşmağı. Aslında kendi acizlikleri ve yetersizliklerinden tanrını sorumlu tutuyorlar. Onlar kendi hayatlarının sorumlusu olmaktan kaçınırlar.

Hşsler sizin içinizdeler her şeye kavuşmak istiyorsunuzsa yöntem budur.

Her neyi istiyorsanız onu tecessüm edin. İsteklerinizin aşk ve hissini tecessüm edin. İstediğiniz her sahneyi ve durumu tecessüm edin ve hissedin Şimdi ona sahipsiniz. Her gün Yirmi dakikanızı isteklerinizin olmasına ayırın ve tecessüm edin. Bunu her gün yapın istediğiniz şeye sahip olduğunuz hisse kapılmak için. aklınızda kurumsallaşmak için bunu yapın.

Hayatınızı neşe ve mutlulukla doldurun. Sarhoş olduğunuzda Harika bir hisse Sahipsiniz ve iyi şeyler alıyorsunuz. İyi atmosfer hayatınızda her isteğinizin muhakkak olmasına neden olur. eğer zor ve ciddiye alırsaız, hayat size zorluklar getirecek. Sizin hayatınız üzerinde gücünüz var ve onu gönlünüz nasıl severse tasarlayın. Her halde iyi hisse kavüşmak için çaba sarf edin.

Takdır şansa bağlı değildir. bir tercih meselesi.

Bu sizin hayatınız. Açık diyelim sizin hayatınızın her bir tecrübesi, sizin gönderdiğiniz fikirlerden ve hislerden kaynaklanır. İnanırsınız yoksa yok, sizin hayatınız şansa bağlı değil... sizin takdiriniz kendi elinizde. Her fikir ve her his, sizin geleceğinizi belirler.

Hayat bir menüdür; Ve siz sadece sipariş verirsiniz. neden hoşlanıyorsunuz Bu kataloğdan seçin!

Hayallerinizin arabası veya sevdiğiniz eşiniz, vücuda, çocuklar ve bir insanda harika nitelikler görmek, bu anlama geliyor ki siz bunlarla ortak frekansınız var.

Keyfini çıkarın çünkü size bunları seçen zevk ve heyecanıdır.

kıskançlık sizi istediğinizden uzaklaştırır çünkü kıskançlık olumsuz bir hisdir bununla olumsuzluğu kendinize çekiyorsunuz ve istediğinizi bu büyük olumsuzluk güçüyle geri tepiyorsunuz.

Kendiniz hayatınızı yaratırsınız. Kendiniz hakkında ne düşünüyorsunuz? Bir şeyleri yapabileceğinize ve bazılarını yapamamadığınıza inanıyor musunuz?

Biri size bir başkasından daha aşağı ve eksik olduğunuzu söylerse, dinlemeyin. Bu sözler sizi daha zaif ve daha gücsüz eder ve sizin özgüveninizi azaltır. Size bu işleri sen yapamazsın söyleyenleri dinlemeyin.

Onlara söyleyin belki sen yapamazsın ama ben yapabilirim.
Siz değerli ve layık insansınız. Şu an yeterince iyisiniz.
Eğer böyle zanediyorsunuz yaptığınız işler yalnış, yeniden başlayabilirsiniz. Kendiniz kendinizi affedin, geçmçşe gözyumun ve yeni bir yola girin.
Gördüğünüz dünyanın bu olduğuna inanıyormusunuz? Görmediğiniz şeyler yokmu? Aslında her şeyde gördüğünüz renk de hiç gerçek renk değil. Her şey kendi içinde sahip olduğu tüm renkleri emer ve kendi içinde olmayan bir rengi yansıtır ve siz o rengi görersiniz; bu nendenle gökyüzünde maviden başka her renk var. Duyamayacağınız çok fazla ses var çünkü frekansları işitme sınırınızdan daha yüksek. Ama onlar gerçektir ve varlar.siz Kızılötesi ve ultraviyole ışınları göremezsiniz çünkü frekansları sizin görme kabiliyetinizden daha yüksektir...
Eğer siz tüm bilinen frekansları bir dağ büyüklüğünde tecessüm ederseniz, tüm görebileceğiniz şeyler bir tenis topundan daha küçüktür.
Muhtemelen gerçek dünyanın görülebilir ve somut üç boyutlu nesnelerden olüştüğüna inanıyorsunuz ama aslında hiç bir şey uç boyutlu değil; içinde oturduğunuz araba da enerji ve boşluktan olüşan hareketedebilir güçtür. Ba halde araba ne kadar gerçek?
Dikkat edin bizde tanrı gibi yaratma gücüne donatılmışız. O dünyanıa yaratıcısıdır ve dünyanın tüm parçacıkları akıllıdır. Biz isteğimizi dünyaya ilan

edebiliriz ama bir istek nasıl icat olur? Kuran metninde defalarca Allah'ın anlık yaratılışına, vahyin ve yoktan yaratmanın gücüne rastlıyoruz. Sanki her şey son suratla oluyor ve zaman onda tam olarak anlamsız. Bu «كُنْ فَيَكُونُ» (ol ve oluyor)dur ve bu hüküm tüm kainata geçerlidir.

- بَدِيعُ السَّمَاوَاتِ وَالْأَرْضِ ۖ وَإِذَا قَضَىٰ أَمْرًا فَإِنَّمَا يَقُولُ لَهُ كُنْ فَيَكُونُ (Bakara/ 117)

Yeri ve göğü yaratandır, bir şeyler yapmak istiyorsa sadec diyor var ol ve olur.

- قَالَتْ رَبِّ أَنَّىٰ يَكُونُ لِي وَلَدٌ وَلَمْ يَمْسَسْنِي بَشَرٌ ۖ قَالَ كَذَٰلِكِ اللَّهُ يَخْلُقُ مَا يَشَاءُ ۚ إِذَا قَضَىٰ أَمْرًا فَإِنَّمَا يَقُولُ لَهُ كُنْ فَيَكُونُ (AlImran/47)

(Meryem) dedi: Ya Rabim, nasıl benim çoçuğum olabilir ki bir kimse bana dokunmadı dedi böyledir"

Allahın işi Bu, O ne isterse, Yaratır çünkü bir şeye emrediyor sadece diyor var ol o da oluyor.

- إِنَّ مَثَلَ عِيسَىٰ عِنْدَ اللَّهِ كَمَثَلِ آدَمَ ۖ خَلَقَهُ مِنْ تُرَابٍ ثُمَّ قَالَ لَهُ كُنْ فَيَكُونُ الْحَقُّ مِنْ رَبِّكَ فَلَا تَكُنْ مِنَ الْمُمْتَرِينَ (Al Imran/59 ve 60)

Aslına Allahın yanında Isanın icatı Ademin icatı gibidir(ki) topraktan onu icat etti. Sonra ona dedi var ol ve oldu. Allahın haklıdır. Tereddüt edenlerden olma.

Evrenin kuralları

- هُوَ الَّذِي يُحْيِي وَيُمِيتُ فَإِذَا قَضَى أَمْراً فَإِنَّمَا يَقُولُ لَهُ كُنْ فَيَكُونُ(Gâfir/۶۸)

O hayat veren ve öldürendir ve bir işe hükmettiğinde sadece var ol diyor ve o ansızın var olur.

- إِنَّمَا قَوْلُنَا لِشَيْءٍ إِذَا أَرَدْنَاهُ أَنْ نَقُولَ لَهُ كُنْ فَيَكُونُ(Nahl/۴۰)

Bir şeyi istediğimizde, Hemen var ol, deriz oda var Olur.

- مَا كَانَ لِلَّهِ أَنْ يَتَّخِذَ مِنْ وَلَدٍ سُبْحَانَهُ إِذَا قَضَى أَمْرًا فَإِنَّمَا يَقُولُ لَهُ كُنْ فَيَكُونُ(Meryem/۳۵)

Rabimize yakışmaz çoçuğu olması o pak ve nezihtir. Bir şeyi istediğinide, Hemen var ol, diye oda var olur.

- إِنَّمَا أَمْرُهُ إِذَا أَرَادَ شَيْئًا أَنْ يَقُولَ لَهُ كُنْ فَيَكُونُ فَسُبْحَانَ الَّذِي بِيَدِهِ مَلَكُوتُ كُلِّ شَيْءٍ وَإِلَيْهِ تُرْجَعُونَ(yasin/ 82ve 83

Bir şeyi istediğinde var ol demeği yeter anında var olur. nezihdir o ki melukutta her şey onun elinde ve ona dönecekler.

Gerçek
Dünya ve başka olasılıklar da varki siz onları göremiyorsunuz lakin var. s,z farklı bir gerçek başlatmanız gerekiyor, siz hayatınızı yeniden kurmaya çaba göstermelisiniz. Çünkü siz her ne deseniz iyi ya kötü, cazibe kuralı onu aldığınızı garanti eder.
Herkesin hayat gerçeği başkalaryla fark eder. Siz tüm tecrübe ettiklerinize inanıyorsunuz. Mesela eğer

sürekli iyi kız ya iyi erkek olmasından konuşuyorsanız mutlaka hayat sizi bir dürüma sokar ki siz göresiniz iyi kız ya erkek yoktur.

Aslınad siz neye inandıysanız gerçek dünyada göruyorsunuz.

Kendine sürekli hayatın kurbanı oldum diyeriniz bu takdirde defalarca bu olayı tekrarlarsanız. Eğer siz kendinizi zekaca başkalrından aşağı görüyorsunuz ya kendinizi başkaları gibi yetenkli görmğyorsunuz siz haklısınız çünkü buna benzerleri size gösterir.

Tony Robbinzin bir kitapı var Quantum Questions isminde. Diyor ki: sorularınızı değiştirin hayatınız değişsin. Onu bedeva şnternet sitemde koymuşum. İndirin, okuyun yada dinleyin.

Soru sormanın bir yöntemi, olumlu sorular sormaktır.

Öyle Sorular sorun,cevapı ruhsal durumunuzu iyileştirsin. Mesela neleri seviyorom? Na kader iyi insanları seviyorom? Başka neler varki ben seviyorom? Neleri görebilirim ki beni gerçekten mutlu etsin? Neleri görebilirim ki beni heyecanlandırsın? Neleri görebilirim ki akılımda bekliyorom? Nelerim var ki olduklarına memnunnum? Neler var ki dinlemeklerin seviyorom? Bu soruları veriğinizde, aklınızın anında cevaplandırmaktan sonra seçeneği kalmıyor. Aklınız soruları cevaplandırmağa meşgul olup olmaz başka fikirlerinizden vazgiçer.

Zihninizi kontrol edemiyorsanız, bazen freni kesilmiş bir araba gibi yoldan çıkarsınız. Siz aklınızın

yönlendiricisiniz ; Öyleyse kontrolünü elinize alın ve hükümlerinizle onu nereye gideceğine meşgul edin...
Aklınıza ne iş yapacağını ve nereye gideceğini demezseniz başıboşca nereye isterse gider.
Bu zihin çok asidir. Kontrol altına almalısınız.

Şükran

Siz şükransız servete kavüşamazsınız. Çünkü şükran sizi servete bağlar.
Kötü durmda olan çok insan tanıyordum şükranla hayatlarını tamamen değiştirdiler. Ben bene yeniliği olan bir şeyler gördüm.
Dünyadaki her bir kurtarıcı Şükranı kullandı .çünkü şükranın aşkın en büyük vesilesi oldüğünden ve yüksek titreşüme sahip oldüğünden haberleri vardi. Onlar biliyorlardı şükrettiklerinde cazibe kuralı ile tam uyum içindeler.
Şimdiden başlayın ve sahip olduklarınız için Tanrı'ya şükredin.
Siz bu dünyada en sevdiğiniz kişini seçebilersiniz ve onin için şükran edebilirsiniz.
Albert Einstein, şimdiye kadar yaşamış en büyük bilim adamlarından biriydi. Onun keşifleri evren hakkındaki görüşümüzü tamamen değiştirdi. Tarihi ilerlemere göre ondan sorulanda, Einstein sadece başkalarına teşekkür etmekten bahsetti. Çağın en zeki dahilerinden biri, başkalarının ona verdiği her şey için teşekkür ediyor – her gün yüz kere; yani Einstein en az günde yüz kere

aşk bahşediyordu. Einstein açıkca biliyordu şükran titreşimin en yüksek derecesidir.

Tüm varlıklarınıza göre tanrıya şükür edin, her ne kader azda olsa, bununla daha çok elde edeceksiniz.

Paranız için azda olsa tanrıya şükür etseniz, daha fazla para elde edeceksiniz. Eğer bir ilişkı için şükür edesiniz o ilişki mükemmel de olmasa, ilişkiniz her gün daha fazla iyileşecek. İşiniz için şükran etseniz, eğer hayellerinizdeki işinizde olmasa, daha fazla iş fırsatları bulacaksınız. Çünkü Şükran hayatın en önemli Çoğaltıcısıdır.

Hayatınız boyunca tek duanız Tanrı'ya şükretmekse, bu yeterlidir.

Hayatınızda şükran gücünüzü kullanmanın birçok yolu var bunları her gün birer birer yazın ve onlar için teşekkür edin.

Hayatınızda aldığınız her şey için Tanrı'ya şüküredin.

Hayatınızda ne alıyorsanızsa Allaha onun için şükran edin.

Hayatta istediğiniz şeylere sanki hepsini elede etmişsiniz gibi şüküran edin.

Şükür ettiğinizde üzüntü ve kader ve ya herhangı bir olumsuz hisse kapanmanız imkansızdır. Zor bir durumdaysanız, Allahaa şükretmek için bir şeyler arayın. Bir şeyi büldüğünzda bir başkasın arayın ve sonrakın, çünkü şükretmek için her ne buluyorsanız, sizin durumunuzu değişer. Şükretmek bir köprüdür sizi yaratığınız cehenemden cennete götürür.

Gün içinde iyi bir şey olduğunda Allaha şükür edin. Önemli değil ne kadar ufak olsun herhalde şükür edin. Harika bir park yeri bulduğunuzda ve ya kavşağa vardığınızda işik yeşil olduğuna, trende ve otobüste boş yer bulduğunuzda herhalde Allaha şükür edin. Vücudunuzu iyileştiren ve şifa sunan bağışıklık sisteminize göre ve Vücudunuzun sizi ayakta tutan tüm organları için, hayatta kalabilmeniz için,Allaha şükür edin. Kocaman ve harika ve dünyada hiç bir bilgisayarla eşleşmeyen aklınız için, Allaha şükür edin. Tüm vücudunuz size her gün ücretsiz hizmet veren büyük bir laboratuvar gibidir. Ona benzeri dünyada bülünmaz.

Ağaçlar, hayvanlar, Okyanuslar, kuşlar, güller, otlar, mavi gök, yağmur, Yıldızlar, ay ve güzel gezegenimiz için Allaha şükür edin. Aldığınız her nefste tanrıya şükür etmelisiniz.

Şüküredin. şüküretmein bedeli yok ama dünyadaki tüm zenginliklerden daha değerlidir.

Şüküretmek serveti yağmür gibi hayatınıza yağdırır ve dünya nimetlerinden zengin olunursunuz. Çünkü Allaha her ne için şükrettiğinizde o çoğalır.

Rol oynayın

Sizin ruh halınızı her şeyin karşısında iyileştirmek için Fakat bir güvenli yol var ve bu, hayal gücünün yardımıyla bir oyun yapmak ve Oynamaktır. Oynamak eğlencedir. Oynadığınızda gerçekten iyi durumdasınız.

Evrenin kuralları 29

TV filmlerini sürekli izlerseniz göreceksiniz bazı oyuncular her zaman zenginlerin rolünü oynar ve bazileri her zaman aşağı sınıf rolleri oynar. Onlar gerçek hayatlarında da böyle. Trampı fakır bir kişi rolünü oynamağı hayal edin. Ne bunu edebilir ne de yüzüne ve görünümüne uygun gelir. O gerçek hayattada zengin kişiler rolün seçmiştir. Dünyada ona fakir kişi rolün vermez çünkü o zihinsel olarakda zengin. Sirveti elden vermişsede yeniden kalkacak.
Hayatınızdan zevk almanız gerekir. Cazibe kuralıla oynayın. Hayal gücünüzle oyunlar yaratın dünya sizin işlerinizn gerçek ve ya oyun olduğünü anlayamaz. Hayal gücünüzde ve duygularınızda neyi tecessüm etdinizse o gerçek olur.
Nasıl oynayacaksınız? tıpkı oyuncular gibi. Servet sahibi olacağınızda ne yapacaksınız şimdi de aynen onu yapın.
Mantık sizi A noktasından B noktasına götürür lakin hayal her yere götürür. Albert Einstein
İnanan biri için, her şey mümkündür. Isa hazretleri
Paraya göre ne düşünüyorsunuz? Çoğu insanlar paraya aşık olduklarını söylerler ama paraları yeterince olmasa ona göre iyi hisleri yok. Eğer biri yeterince parası varsa kesinlikle araya göre iyi bakışı var. Zengin insanların diğerleriyle farkı yalnız zenginlerin paraya iyi hislerinin kötü hislerden çok olmasıdır.
Çoğu insanların paraya kötü hislerinin nedeni onların yalnış ınançlarınan kaynaklanır. Bu yalnış inançlar onların bilinçdışı zihnine çoçukluk zamanlzrında

girmiş. Mesela buna mali gücümüz yetmez, para el pisliğidir, zenginler oğrudurlar, para düşkünü olmak yalnış ve manevi bir iş değil, para sahibi olmak yani sabahdan akşama çalışmak, para insanlık getirmez ve ...çoğu insanlar bu inançları ailesinden alır.

Yoka ve imkansızlığa düşünmediğinizde tüm dünya sizin olur.

Mali durumunuzun önemi yoktur yada işinizin yada hangi ülkede yaşadığınızın ya da yaşadığınız dünya bunların önemi yok. Kötü durum diye bir şey yoktur. Çoğu insanlar ekonomik gerilme dönemlerinde yaşadılar ve durumları iyiye gitti, çünkü onlar odaklanma ve dikkat kuralını biliyordular. Onlar hayal ve his vasıtasıla istediklerini bu kuralla çektiler(elde ettiler) ve içinde oldukları koşullara dizçokmediler ve hayatı yeniden inşa ettiler.

Paraya göre inançlarınızı değiştirdikte, hayatınızdaki para miktarı da değişir. Her ne kadar paraya göre iyi hisleriniz olur o kadar fazla para çekebilirsiniz.

Halınızı değiştirmek için tecessümla banka hesaplarınızı parayla dolu hayal edin ve böyle tessevür edin ki bunlar banka hesabı değil ve siz karar vermişsiniz. paranızı cömertce bir şirket veya kişiye sağladığı hizmet için bağışlamısınız. Banka hesaplarınızı, alınan çekler farz edin ve şüküretme kuralını kullanın ve şirketden teşekkür edin. Mesela elektrik faturası için elektrik ofisinden size sunduğu hizmetler için teşekkür edin. Faturelerinizin üstünde yazabilersiniz; Allahım bu çeke göre teşekkür ederim.

Eğer fatureni ödemek için paranız yoksa önunde yazın; paraya göre teşekkür ederim. Dünya sizden sizin tecessümünüzün doğru yada yalnış olduğunu sormaz. Sadece eylemine tepki Verir, sadece bu.
Mali sıkıntı içindeyseniz, gerçekten parayla ilgili İyi hisler geçirmeniz için gün boyunca sokakta yanınızdan giçen insanlar için bol miktarda para fikirlerini, gönderebilirsiniz. Yüzlerine bakın ve onlara bol mıktarda para verdiğinizi hayal edin. Onların sevinç ve mutlulukların da hayal edin... bu işi yapmak çok kolay. Gerçekten bunu hayal edirsinizse, sizin hisleriniz paraya göre değişir ve mali dürümünüzda bununla değişer.
Sevdiğiniz bir işte çalışmalısınız çünkü iş size heyecan ve coşku verir. Siz çalışıyorsunuz işi sevdiğiniz nedeniyle ve çalıştığınız işi sevdiğinizde parada elde edebilirsiniz.
İş ve hayattan şikayeci olmayın ve her işte çalışıyorsanız aşkla ve tutkuyla işinize devam edin.
Ne yapacağınızı kendiniz bilmesenizde kalbiniz bilir, yeter ki istediğiniz her şeyi çekebilmek için, iyi hislerle, iyi titreşmeler gönderesiniz. Sevgi ve tutku sizi istediğineze götürebilir.
Altın ipucu: Başarı, mutluluğun anahtarı değildir; mutluluk başarının anahtarıdır.
Bir işletmenin başarılı olmamsında en büyük faktör ona göre kötü hisleriniz olur. İşletmeniz başarılı olsa bile azacik daralıyorsa şikayeci olmakla yanıt veriyorsunuz. Bu nedenle işletmeniz dahada gerilir.

işletmenizi başarılı eden tüm umutlarınız ve özlemlerıniz aşk frekansı nedeniyle. Bununla siz tüm sizde iyi hisler üyandıran yollar bulmalısınız ve kendinizi mümkün olan en yüksek frekansa oluşturmalısınız.
Dünya size istediğinize kavüşmak için sayısız yollar koymuş, para yalnız bunların biri. Yanlışlıkla paranın istediklerinize tek yol olduğu düşünmeyin. Bu düşünce sınırlıdır ve hayatınızı sınırlar!

Karma kuralı
Ne ekersen, onu biçersin. Bu demek ki insan ne yaparsa kendisine döner ve ne veriyorsa geri alacaktır. Herkesi kendiniz gibi görürsünüz, artık kimseye zarar vermeyeceksiniz. Çünkü ona kötülük yapmak kendinize kötülük yapmak demektir.
Nifret edersiniz nifret toplayacaksınız ve aşk bahşedersiniz, aşk geri alacaksınız. Eliştirirsiniz,eliştirilirsiniz. Yalan diyorsunuz size yalan diyecekler. Hile yaparsınız sizde kandırılırsınız.
Önbilinçin mizah anlayışı yoktur ve insanlar genelde şakalaryla kendilerine hoş olmayan deneyimler yaratırlar. Birlikte ne işe yaramaz şakalar yapıyoruz ve dünyanın şaka anlamadığının farkında değiliz.
Ağzınızdan ne çıkıyorsa ya kafanızda ne düşünce giçiyorsa o aynen size dönecek...
Nimetler her zaman dünyada insanın karşısında lakin arzu etmek ve inaçla sizin hayatınıza girer.

Korku ve tereddütden başka hiç bir nesne insanın ve amaçlarının arasına mesafe koyamaz. İnsanoğlu ıztırabsız arzu ederse, arzuları anında muhakkak olabilir. İsa hazretleri buyururlar: ey iman etmeyenler neden korkuyorsunuz?
Bir odanın duvarına asılmış bir paneli okuyan birini tanıyorum da okuyunca birdenbire tüm korkuları kayboldu ve yüreği inançla doldu taştı.

panelin teması şuydu: neden endişenelim? asla gerçekleşmeyebilir. Bu sözcükler onun zihninin önbilincinde öyle bir silinmez etki bıraktı kı şu an yalnız hayır ve iyiliğin hayatına girdiğine inanıyor. Bu nedenlede hayatına hayırdan başka girmez. Hayatta İyimscr olmakda böyle. Her bir işte karşılaşan her bir şeyi başarı belirtisi olarak görmek, başarılı olmağa neden olur.
Öyle dua edin ki sanki elde etmişsiniz. İnançla dua edin. Zaten size verilmiş gibi davranmalısınız.
Her insan rüyasında gördüklerine ö düşündüklerne sahiptir.
Her iş ve her büyük başarı onu göz ardı etmeden gcrçcklcşir; genellikle, büyük başarıdan hemen önce, umutsuzluğa kapılarsınız...
Kelimelerin gücünü bilen biri konuşurken dikkatli olur...
Yeter ki sözünün tepkisine dıkkatlı olsun, onların kendisine döndüğünü bilerek... İnsan, söylediği sözlerle sürekli kendisi için kurallar yapar. Sürekli

başkalarından konuşuyorsunuzsa onları hayatınıza dahil edirsiniz.

At nalı veya yılan taşının gücü yok. İnsanın bilinçaltı zihninde umut ve özlem yaratan kendi inaçi ve sözüdür. Bu inanç ve söz, ona iyi şanslar getirir yada en iyisini kendine çekiyor.

Bilinçaltı zihnide değişikliğe neden olan tek şey bunu vurgulamaktır: iki güc yoktur. Yalnız bir güc var: Allahın gücü. Yani vazgeçme yok buda cesurluktur. Bir Allah olduğunu anladıkta; Artık kimseye sana iş ya da para vermesi için yalvarmıyorsun. Ve ya aşkınızdan ilişkisini isteksizce devam ettitmeği talep etmiyorsunuz. Çünkü her şeyin onun (Allahın) isteğiyle olduğuna inanıyorsunuz.

Her gün kendi isteklerinizden başkalarıyla konuşuyorsunuz. Şifa ve bereket ve mutluluk talep etmek için konuşuyorsunuz. İnsan her ne başkalarına göre söylüyorsa kendisine göre söyleyecekler ve başkarına ne arzu ederse kendisine arzu etmiştir. Lanet, küfredenin kendisine geri döner. İnsan diğerine mutsuzuk arzularsa şuphesiz kendine geri döner. Eğer kimseye amacına kavuşmak için yardımcı olursa kendi başarı yolunu açmış olur.

Sürekli eliştiri vücutta romatizmaya neden olur. Çünkü kötümserlikten kaynaklanan düşünceler, Kanı zehirler ve bu toksinler eklemlerde birikir. Kemikleriniz ağrıyor ve hayat dayanılmaz hale geliyor.

Temelde, her hastalık, huzursuz ve şikayetçi bir zihnin sonucudur, kendinş değiştirmekten kaçarak Sürekli olarak başkalarını eleştirir.

Affetmemek, çeşitli hastalıkların önemli bir nedenidir. Ateroskleroz veya kemik ağrısı getirir ve görme kabiliyetini etkiler; bu hastalıkların isimlerini saymak istersek ucsuz bucaksız olur. Lütfen kendinizi yaptıklarınız için affedin. Çünkü Allah tüm günahları affeder. Allahın çok nazik ve merhametli olduğunu biliniz.

İnsanın tek düşmanı, kendi içindedir.

Düşmanlarınıza merhamet edin ve sizi lanetliyenlere bereket dşleyin ve sizde nifret edenlere iyilik yapın ve size zülüm edenlere hayır dua edin. Düşmanlarınızı silahsızlandırmak istiyorsanız; Onlar için bereket dileyin.

Çinliler suyun en güçlü unsur olduğunun nedenini tamamen dirençsiz olduğundan bilirler. Su kayalıkları parçalayabilir ve önüne geçen her bir şeyi ortadan kaldırabilir.

Yüce Allahımız böyle buyurur: Size gelen her bir hayır benden ve her kötülük Size kendinizden. Kötülük insanın hayal gücünün ürünüdür. Allah tamamen hayırdır.

Sürekli şu ifadeyi tekrarlayın: "Kendimi seviyorum ve Allah beni seviyor.

Ben İnsanlara hizmet ediyorum ve bundan zevk alıyorum.

düşmanınızı etkisiz hale getirmek için ona berket dileyin. Bu vasıtayla onun mühimmatın pençelerinden kapıp oklarını berekete çeviriyorsunuz.

Bu kural hem bireylere hem de uluslar için geçerlidir. Tüm ulusların bireylerine Onları zulmetme gücünden mahrum bırakmak için bereket dileyin.

Kendinizli tikrar edin bu günki işlerim iyi gidecek ve ben bu mükemmel gün için Allahıma teşekkür ediyorom. Bugün mucizeler peşpeşe gelecek ve Allahım beni mucizeleri ile mutlu edecek. Neyi bekleseniz o olacak.

İnsan yoksulluk ımgesini zihninden sildiğinde servet hükümdarı olacak ve tüm arzularına kavüşacaktır.

İnasan ne vererse onu alır. Hayat oyunu Bumreng oyununa benzer ve insanın düşüncesi, eylemi ve konuşması - er ya da geç - şaşırtıcı bir güçle Kendisine geri döner.

Allaha umut eden umutsuz kalmaz; ve Allah asla geç kalmaz. her gününüzün rızkınızı Allahtan isteyin.

Birçok insan affetmenin bir yatırım olduğunun farkında değil. açgözlülüğün ve istifçiliğin yoksulluktan başka sonu yoktur. Fazlasını almak için gerekli olmayan her neyi bahşedin. Gereksiz ekipmanları satarak fazla para elde edemezsiniz ama bahşetmesile Allahın rahmet kaıları açılır.

İnsan, rızkının kaynağına tam bir şekilde güveniyorsa, sonsuz ve tükenmez bereketlere sahip olur.

Ama inanç ya da güven hayatının zirvesinde olmalı.

Sürekli rol yapmak, bilinçaltı zihni de etkiler. Birisi kendisini servetli ve başarılı gösterirse, onlar gibi olur.

İnsanlar o kadar ayrılığı ve yoksulluğu düşünerek kendilerini bereketlerden ve nimetlerden üzaklaşdırıblar ki bu yalnış inançları gidermek için çok zaman harcamak gerekir.

İnsan neyi düşündüğü için, her an zihnini kontrol altına almağı gerekir. Dünyanızı değişmek için zihninizi kontrol edin.

Birisi paranı küçümsüyorsa asla onu kendine çekebilmez. Çoğu insan böyle cümleler kurdukları için yoksullukta yaşıyorlar: para değersiz bir şey, zenginler hepsi hırsız.

Allah insanoğlunun usanmayan rızkcısıdır ve bereketleri sonsuzdur.

Ne istiyorsunuz korkmadan ondan isteyin.

Paraya olan manevi eğilim şudur ki Allahın hazinesi bu büyüklükle ve ihtişamla çaresiz kalmaz.

Eskiler, çocuğu için endişelenmeyen bir annenin anne olmadığını söylerlerdi; Fakat artık anne korkusunun çocuklara gelen ne kadar hastalık ve kazadan sorumlu olduğunu biliyoruz.

Çünkü korku, açık bir şekilde annenin korktuğunun olabileceğini çizer ve bu imgeler hiç şüphesiz Objektif hale gelirler.

Ne mutlu annedir ki çocuğunu içtenlikle Allaha emanet eder ve bu nedenle çocuğunun Allahın koruması altında olduğundan emindir.

istediklerinize nasıl ulaşabilirsiniz
Sık sık bende soruyorlar istediğimizi nasıl elde edebiliriz?
Siz yalnız isteğinizle titreşim içinde olmağınız gerekir. Sürekli olarak onu tutkuyla Allahtan isteyin ve Allahtan rehberlik talep edin. Allaha deyin: allahım yolu bana göster yada bir iş yapacaksam bilmeme izin ver. Her gün dua edin. Dua sizinle Allahın konuşmasıdır.
Allahım benim rızkım için yolu aç; izin ver ne haketdimse bol rızk olarak bene ulaşsın. Allahım bütün umudum sensin.
Bahşetmek, alma yolunu açar. Mali açılım için size verildiinden bahşetmelisiniz. Hatta birkaç dilim ekmek olsa bile. Fatureleri hoşlukla ve iyi hislerle ödemek gerekir. Paranı cesurca ve hayır duaila ve mutla kalpla bahşetmek gerekiyor.
Tereddüt, birçok yolda duran bir engeldir. Bunun üstesinden gelmek için şu ifadeyi defalarca tekrar edin: "ben Allaha güveniyorom ve şeytan'ın kötülüğünden ona sığınıyorom.
Bu söz bilinçaltı zihni etkiler ve insanın kendisini uyanık ve ayık hissetmesi üzün sürmez ve kararlılıkla doğru adımları atar.
İnsan Allaha güvenirse, tüm hakını bu büyük nimet hazinesinden elde eder.
Şüpheler, korkular, nifretler ve hasretler insanın zihnini zehirler ve onu hastalandırır.

Evrenin kuralları

Bir kişinin bütün varını ve yokunu elinden alan tek hırsız, kendi olumsuz düşünceleridir.

İnançla talep edin çünkü Allahımız büyürmüş: beni çağırın size cevap vereyim... Allah çare edendir.

Tamamen hazırlıksız veya çok az eğitimle yeni bir işletme başlayan insanlar görmüşüm yeni başladılar ve herhangi bir sorunla karşılaşmadılar. Sürekl, tekrar edin: ne yaparsam yapayım, Allahaa şükür ondan kazanç elde edeceğim.

Her insanın kendi içinde duygu denilen bir pusulası vardır. Eğer duygularınla yürüyürsün, yoldan çıkmayacaksın.

Hayal gücü yaratıcı bir güçtür. her zaman olumlu kelimeleri seçmeniz gerekiyor.

İnsan, Allahın kendisine rızkını sağladığı bir dünyaya ve arzuladığı veya ihtiyaç duyduğu her şey önceden mevcuttur. Bu hazineyi, inançla veya söylediği sözlerle açabilir.

Korku ve panika olduğu yerde iyi hislerden haber yok. Güvenlik ve mutluluk hşsleri, Tanrı'ya olan tam inancın sonucudur.

Yani, insan yenilmez bir güçün ,onu ve sevdiği her şeyi desteklemeğine inanıyorsa be tüm istediklerine kavüştürüyorsa, herhangi bir stresi olmadan, memnuniyet ve mutluluk hissedebilir.

O zaman hemen sinirlenip üzülmeyecek. Çünkü o, Allahın onun çıkarlarını ve manfeatlerini koruduğuna inanır.

İnsan bir şeyi kaybederse biliçaltı zihninde kaybetmeğe inanıdığını gösterir.
İnsan olur olmaz bu yanlış inançı bilinçaltından siliyorsa ve söylüyorsa ki ne kaybettiğimin Karşılığını Allah bana verir, hemen karşılığın alır.
Trafik kazalari, hızlı yaşlanma, hastalıklar ve başarısızlıklar hepsi yalnış zihnisel hayallerden pes etmemenin sonucudur.
İnsan kendini Allahının gördüğü gibi görürse, yaratma gücüne sahip üstün bir varlık olur; çünükü Allah kendi ruhundan insana üflemiştir.
Eskiden söylemişler neden hoşlanmasanız o başınıza gelir; demek ki kafanızda ne varsa onu çekeceksiniz.
İnsanoğlu düşünce aleminde ne ekerse dışarda onu biçer.
Paraya olan manevi eğilim, bu ki Allah rızk sağlayandır ve insana inançla her tür zenginliği ve istediği her şeyi elde edebilir.
Bu gerçeği bilen insan paraya hırs ve açgözlülükten vazgiçer. harcamaktan korkmaz ve Allahtan daha fazla rızk almak iöin hediye verir.
Allah, mucizelerini inanılmaz şekillerde gerçekleştirir.
Yalnız çok düşündüğünüz şeyleri elde edbilirsiniz.
Yani yoksulluğu çok düşünüyorsüzsa onu çekeceksiniz. aynı şekilde sürekli adaletsizliği düşünüyorsüzsa onu kendinize çekeceksiniz.
Gönderdiğimiz şeyin bize geri döndüğünü bildiğimizde, ancak o zaman kendi Bumeranglerimizden korkmaya başlarız.

Tereddütler ve korkular sizi istediklerinizden uzaklaştırır. Umutsuz görünüyorsunuz ve soruyorsunuz: şimdi ne yapmalı?

Özgüveninizi artırın.

Kapı olmayan bir yerde Allah kapı açar.

Sizin düşmanlarınız, olumsuz düşüncelerinizdir: olumlu düşüncelerle yaşayın.

Iyi hisler sizi zengin etmek için kendinizi zengin ve başarılı hissedin.

Hiç kimse insanın bir şey veremez fakat kendi verebilir. Hiç kimse de insandan bir şeyi esirgemez fakat kendisi esirger. Hayat oyunu, bireysel bir oyundur. Kendiniz değişirseniz tüm koşullar ve durum değişebilir. Kendiniz değişin etraf dünyanız inanılmaz şekilde değişmek için.

İnançla dua edin ve Allahtan dilediğiniz her şeyi iyi niyetle dileyin. Size söylüyorum dua ettiğinizde kesinlikle dilediğinizi elde ettiğinizi biliniz.

Şuna inamınız olsun tüm zenginliklere sahip olan Allahımız bizi yalnız bırakmaz; eğer bir borç veya her neyse. Hayatın yükü omuzlarınızda ağırlık ediyorsa o zaman Allaha bırakın.

maaşınıza, gelirinize, tasarruflarınıza ve sermayenize güvenmek yalnıştır? Bunlar hepsi, bir gecede kaybolabilir.

Lakin Allaha güvenmek sizi güçlü eder. Rızk veren Allaha.

Evrenin kuralları

Varlıklarınızı korumak istşyorsonuzsa bilmelisiniz hepsi Allahtan ve Allah ne veriyorsa onda kusur ve eksiklik olmaz. Bir kapı bağlanırsa biri açılır.

İnsanlar genellikle gelecekte hastalık günlerine para ayırıyorlar, onlar kendi ayaklari ile ölüme yürüyorlar.

Ya duyoruz insanlar böyle diyor: zor günlere teserruf edelim. Bununla zor günler gelip çatıyor.

Bazileri de böyle düşünür: bundan kötülerini beklemeliyiz. Ya bu ki : bundan da beter olacak.

Bundan habersizler ki bunları söyledikde daha kötü olayları karşılıyorlar.

Bazilerini de görüyorum ki her zaman iyi haberler ve olumlu değişikler bekliyorlar.

Bu grup daha elverişli koşulları, memnuniyetle karşılıyor.

İnançlzrınız değiştirin durumunuz ve köşullarınız değişmek için.

Lakin yoksulluğa, eksikliğe ve başarısızlığa adet ettiğiniz müddetce, nasal inançlarınızı değiştirebilirsiniz.

Mutluluk ve bolluk bekliyormuş gibi davranın.

İnsanlar "Ben hiçbir dükkana gitmiyorum Çünkü hiçbir şey almak için param yok " diyorlar. bu yüzden mağazalara girmek zorundasın. Bir kağıt para çantanıza koyub alışverişe çıkıabilirsiniz. Hayalınızda istediğinizi alabilirsiniz. zihniniz yavaş yavaş paranız

olduğuna inanıyor.

Allaha güvendiğinizde, hiç bir olay inanılmaz değil. Size zor olanlar Allaha çok kolay.

Aladdin ve sihirli lambası, şu dediklerimizin diş yansıması. Aladdin lambayı çaldı ve tüm arzularına kavuştu.

Kelimeler ve düşünceler bir tür radyoaktivitedir, size istediklerinizi getirirler... bir bilim adamı demiştir: Kelimeler bir ışık halesi içindeler; ve insan sürekli sözünün meyvesinen faydalanır.

Dua, Allaha telefonunuzdur; ve sezgi Allahın size telefonudur.

Allaha güvenmek çok fazla güç ve cesaret gerektirir. Bizler genellikle küçük işlerde Allaha güveniyoruz; lakin büyük bir sorun çıkanda kendimiz bir işler yapmağı düşünüyoruz bununla başarısızlığımıza hazırlanıyoruz.

İnsanlar böyle düşünüyor ki şimdiki kötü durumnana kaçmakla kurtuluyorlar bundan habersiz ki nereye gitseler durum değişmiyor.

Ve bu tecrubeler hayatlarında o kadar tekrarlanır ve yeterlei dersleri alırlar.

"İlgizilik" kuralı şöyle diyor: neye ilgi göstermeseniz hayatınızdan çıkacak.

Hiç bir şeyden mutsuz olmadığınızda, dığ mutsuzluklar da kaybolup gider.

Her düşüncenin ve her sözün önemini bildiğinizde, düşüncelerinizie ve sözlerinize dıkkat etmeğe alışacaksınız..

Zenginlik yolu tek yönlü bir yoldur; Yani, geri dönüş yok.

Yakınlarda biri bene zeng açtı ve dedi: iş bülamıyorom her şey kesat. Dedim düşüncelerini değiştir iş bulacaksın.

Çünkü Isa hazretleri böyle buyurur: Hiçbir şey için şikayeci olmayın, dileklerinizi dua ve şükranla Allahtan dileyin.

Övmek ve şükretmek kapıları açar; Çünkü umut ve beklenti her zaman galip gelir.

Benden soranda durumun nasıl diyoram: çok mutluyum başıma gökten altın yağıyor. Sizde tekrar edin ve sonucu görün.

Sirvet elde etmek için baştan ayağa talep ve çoşkuyla dolup taşmanız gerekir.

Kendinizi zengin hissetmelisiniz ve bilmelisiniz. Durmadan servete ve uğura hazır olmalısınız ve sürekli kendinizi hazırlamalısınız. Çoçuk gibi olun ve kendinizi zengin gösterin çünkü sırf o anda umut ve özlemle bilinçaltı zihninize etki bırakabilirsiniz. Sezgi kalp tanıklığı demek; yani o ki konuşma sırası diyoruz : kalbime geldi

Bu o demek değil ki bütün var yokunuzu bırakın, bu demek ki onlara bağlı olmayın. gizli hazinenize güvenin: yanı Allahın hazinesine.

Her gün iyimser olmağı deneyin.

Bu nedenle kendimizi zengin, sağlam ve mutlu hissedelim ve tüm işlerimizi Allaha tapşıralım; arzuların muhakkak olmasını Allaha emanet edelim.

Onda sizin haberiniz olmayan tedbirler var, sizi şaşırtan tedbirler.

Evrenin kuralları 45

Sürekli tekrar edin: Allahın rahmetlerini bekliyorom. ben çok mutluyum.
Ne yaptığınız fark etmez yeter ki rahberlik talep edesiniz. Raberlik talebi ne fakat vakıtınızı ve gücünüzü belki çoğü zaman kendinizi bir ömür felekt ve musibetten kürtarır. Bir ömür kötümser oldunuz bir kaç günde iyimser olun.
İnsan Allahın gücüne inandığında- her tür esaretten kurtulur ve mutlak aleme erişir. koşun her an hissetme gücüne malik olduğumuz bu gizli gücü içten duyalım.
Mutlu olmak için iç duygularınızla bakın. Yalnış düşünceleri bir kenara bırakın.
Her zaman söylediğim gibi, yalnız ve yalnız sevdiğiniz cümleni tekrerlayın. Yani bir söz ki size güven ve emniyet bahşediyor.
Kendi işlerinize göre ne kadar mümkünse az konuşun. Konuştuğunuzda da yalnız size cesaret ve ilham veren insanlarla konuşun. Çünkü dünya kötümserlerle dolu, yalnız bu imkansız ve sen çok hırslısın!.. demeği biliyorlar.
Allah mucizelerini esrerengiz yöntemlerle hayata geçirir. Çoğü insanların sorunu bu ki ne zama ve nasıl istediklerini elde edecekler...Allaha demek istiyorlar ki nasıl dualarını müstecab eder. Allahın aklına, tedbirine güvenmezler. Göge ellerin kaldırdıkta Allahı görevlendiriyorlar nasıl ve hangi yolla isteklerini onlara versin. Bu nedenle kadir ve mütaal Allahı sıkışmış durumda bırakıyorlar ve bununla sabırsızlıkten başka bir sonuca varmazlar.

Evrenin kuralları

İşlerinizi Allaha bırakın ve ona güvenin. öyle görünüyor ki işleri Allaha bırakmak sözde çok kolay ama uygulamada oldukça zor. Allaha güvenmek ne kadar zor?
Allaha güvenmek insana dirençsiz güç verir. Çünkü sırf Allah yapabilir. Ona güvenin çünkü o yapacaktır.
Çoğu insanlar Allahın gücüne güvenmektense kendi iradelerinen yardım alırlar bununda sonucu çok kötü bir tepki olur. Bireysel irade bu demek ki işleri bireysel olarka yapmak peşindeyiz.
Hiç zaman birini değişmeyi düşünmeyin değişmeyi gerekli olan kendinizsiniz. Kendinizi değiştikte tüm durum ve koşullar değişer. İnsanlarda değişer.
Her insanın yaşamı bilincaltı zihninde inandıklarının tezahürüdür. Bununla nereye gitseniz aynı durumu ve koşulları kendinizle götüreceksiniz.
Allah hem çıkış yolun biliyor hemde taleplerin karşılama yolun. Ama ona güvenmek gerekiyor. Güvenmek yani kendi sakinliğini korumak ve onun karşısından çekilmek. Başkalranına korkan insanlar sayısızdır ya kendi kötü durum ve koşullarından kaçanlar. Lakin nerye gçtseler bu durum ve köşullar onların arkasıca gider ve onları bırakmaz.
Bu durumda yeter ki konuya odaklanmasınlar kötü konu çekib gçtmesi için. Hiç bir nesneyi hayatınızda çıkarmak için onunla kavga etmeyin çünki bu durumda gidersede kend,ne benzeri getirir.
Bu nedenle sürekli şu cümleyi tekrarlayın: Allah ne isterse onu istiyorom ,ben sakinim.

Bu kuralın azamet ve ihtişamını aksiyon sahnesinde kendi gözlerinizle görmek için dileklerinizi övgü ile isteyin. Hiçbir şey için endişelenmeyin, bunun yerine, her şeyde dua ederek ve şükrederek dileklerinizi Allaha sunun.

Geçmiş hayatınıza bakın ve hayatınıza nasıl düşüncelerinizle mutluluklara ve felaketlere yol verdiğinizi görun... biliçaltı zihnin azacık espri anlayışı yok. İnsanlar kendileri hakkında yıkıcı bir şekilde şaka yapıyorlar, bilinçaltı zihin de bunu cidiye alıyor.

Konuştuğunuzda zihinsel ımge kuruyorsunuz buda bilinçaltı zihni etkiler sonra dişarda görüntülenir ve somutlaşır. Söz etkisinden haberadar olan birisi konuşmasına çok dikkat eder; çünkü yeter ki sözünün yanıtını beklesin çünkü kendisine dönecektir. öfkeli olanda veya nefret edende, konuşanlar en büyük yalnış yapıyorlar; çünkü sözlerinin çok kötü bir sonuçu olacaktır.

Sabırsızlık ve nefret insanın gücün elinden alır. Duvarlara bu yazını yapıştırmağımız gerekir: düşüncelerine dikkat et, konuştuğuna dikkat et.

Her neye yönelirsiniz ona benzersiniz. Bu nedele hiç zaman yıkıcı bir şeylerde konuşmayın çünkü azar azar ona benzersiniz.

Neden hoşlanmasanız başınıza gelir ve neden korkarsınız onu kendinize çekersiniz. Mesela biri seninle dalga geçib ve sen öfke ve nefretle dolusun ve onu aff edemiyorsun. Zaman geçer ve aynısını bir başkası size yapar. Nedeni sizin hep o konuyu düşündüğünüz ve onu zihninizde sürekli tekrarlamanız ve bu konu o kadar tekrarlanar ki sonunda böyle düşünüyorsunuz; ne kadar haylaz birisiyim ki herkes benimle dalga giçer.

Bu durumu etkisezliştirmek için yalnız bir yol var, tüm haksızlılkarı göz ardı etmek ve haksızlık edenleri aff etmek. Bununla kolaylakla bu tekrarlanan konudan kortulabilirsiz.

Sürekli şu ifadeyi tekrar edin: ben şimdi tüm doslarımı ve düşmanlarımı aff ediyorom ve onlara bereket diliyorom. Bu kuralın işleminden şaşıracaksınız. O ifadenin tekrarıla, kendi hayatınıza düzen ve harmoni verin.

Geçmişe dönmeyin ve geçirdiğiniz zor günleri düşünmeyin çünkü yeniden o duruma düşebilirsiniz. Yeni günlerin gelmesi için dua edin... her türlü Cesaret kırıcı veya sinir bozucu mesele karşısında Allaha sığının.

Dünyanız değişmek için fikirlerinizi değişin, çünkü fikirleriniz dünyanızdır.

Bir gün bir kadın bene söyledi: insanların işlerine gözgezdirmeği seviyorom ve hayattlarında ne olduğunu anlamağı çalışıyorom. Hayatının hoşluğu dedikodu yapmak ve karalamaydı. cumleleri işte böyle başlrdı: bana dediler ki..., bu aralar öğrendim ki... ya duydum ki... muhtemelen gerği yok şunu demeğimin ki şimdi bunun bedelini ödüyor. Çünkü kendisi büyük bir sefalete uğramış ve çoğu onun hayatının detaylarınan haberdar olmuşlar. Kişinin kendi işlerini ihmal etmesi ve başkalarının işi hakkındaki boş merakı çok tehlikeli bir şeydir. Hepimiz kendi işimize meşgul olmalıyız. Bununla başkalarına karşı nazik olmalı ve onların durumlaryla ilgilenmeliyiz.

Şimdiye dek istediklerinize kavuşmadığınızın nedeni ruhunuzu istediklerinizle eşleşen bir titreşmelere maruz birakmamanızdır. Başka bir deyimle isteğinizi içten istemiyorsunuz.

Siz maddi olmayan enerjinin etki alanı olan bir varlık olarak doğru düşüncelere erişebilirsiniz. Şimdiye kadar hayal ettiklerinizin ötesinde, sonuçlara ve önemli kararlara erişebilirsiniz. Kendi arzularınızla uyum içinde olduğunuzda, dünyayı yaratan anormal enerji vucudınuzda akışmağa başlar. Bu asıl manada heyecan, tutku ve başarmaktır ve sizin kesin kaderinizdir.

Başka bir ifadeyle her ne kadar sizin hisseriniz iyiyse bu demek ki yaradanla sizin ilişkiniz iyi ve ne kadar kötüyse yaradanla ilişkiniz yok demek. İyi hiss, isteği cezb etmeğe izin vermekle beraberdir ve kötü hiss isteği cezb etmeğe izin vermemekle beraber.

Cazibe anahtarı

Siz bir insan şeklinde etten, deriden ve kandan formalaşan ve titreşmelerden oluşan bir varlıksınız. Çevrenizde deneyimlediğiniz her şey titreşim yoluyla ve yalnızca alım yoluyla olur. Titreşimle maddi dünyanızı idrak edebiliyorsunuz. Başka bir ifadeyle gözlerinizle gördüklerinizin titreşimlerin anlayıp yorumluyorsunuz. Kulaklarınızla aldığınız titreşimleri duyuyorsunuz ve yorumluyorsunuz. Burnunuz, diliniz ve parmak uçlarınız bile titreşimleri kokuya, tada ve dokunuşa dönüştürür; Ama içinizdeki en gelişmiş titreşim tercümanı duygularınızdır.

Her bir fikrin, titreşimi var ve her bir düşünce Sinyaller yayar ve benzer sinyalleri cezb eder. Şu sureçe cazibe kuralı denilir.

Arzuladığınız şeyin anahtarı, sizin vucudunuzun titreşimi ve istediğinizin titreşimi ile uyum içinde olmaktır ve titreşimlerin uyumunun en kolay yolu ona sahip olduğunuzu, hayal etmenizdir. Deneyiminizin dahilinde olduğunu varsayın, fikirlrinizi o deneyimnen zevk almağa yöneldin ve bununla o şeyin veya deneyimin hayatınıza dahil olmasına izin verin.

Bir şeyleri düşünmek, geleceği planlamak gibidir. fikrinizde bir şeyi övüyorsunuz planlamak halindesiniz. Endişe içinde olduğunuzda bir şeyi planlamak halindesiniz endişelenmek zihninizde istemediğiniz bir şeyleri yaratır.

Aydın bir odaya girip de ışık düğmesine basıp odayı karanlık edemezsiniz. Başka bir ifadeyle odaya karanlığı getiren ve ışığı örten bir işik düğmesi yok. Işık olmadığında karanlık özdevimli şekilde gelir. Aynı şekilde "iyi ve iyinin" yokluğunda da "kötülük" özdevimli şekilde gelir.

Sağlık karşısında direnme, özdevimli olarak hastalığa neden olur yani sağlık gedince başka bir şey geliyor o da hastalıktır.

Tıpkı heykeltıraşın taşı istediği şekilde kestiği gibi sizde enerjiyi istediğiniz şekilde formalaştırabilirsiniz. Siz enerjiyi konsantrasyon ve sürekli düşünme yoluyla, hatırlama ve hayal gücü ile olayları tecessüm etmekle şekillendiriyorsunuz. Konuştuğunuzda, yazdığınızda, dinlediğinizde, sustuğunuzda, hatırladığınızda, hayal ettiğinizde enerjiye odaklanmışsınız ve fikirlerinizi dışarya gönderiyorsunuz.

Size istekleriniz, konuşmalarınız vasıtasyla ve çoğu zaman titreşimler vasıtasyla yayılır. Örneğn arabanız eski ve sık sık tamir gerektiriyor... rengi ve yüzüde bozulmuş ve kalbiniz yeni bir araba istiyor.

Sizin şu derin isteğiniz, sizde arzuların puskurmesine neden olur. Dünya bunu fark edir ve samimiyetle kabul edir ve yanıt verir.

Başka bir ifadeyle sürekli güzel bir araba düşünüyorsunuz ona ulaşmanızın yolu açık olacaktır ama bunun yanısıra eski arabanızıda düşünüyorsanız arzunuza ulaşmayacaksınız.

Günümüzün gelişmiş toplumlarında, herkes dünyada olup bitenlerden derhal haberdar olur ve bu nedenle zihninize binlerce düşünce girer; bununla da tüm fikirleri kontrol altına almak mümkün değil. Lakin en akıllı seçeneğiniz dikkatınızı önünüzde olanlara sarf edib kendi düşüncenizi yönetmektir. Düşünce yönlendirmesinen daha fazla önemlisi, iyi hissi elde etmektir. İyi hissle sizin düşüncenizde size faydalı olanla eşleşir.

Kural böyledir: dikkatiniz yeterince bir şeye odaklandığında sizde münasib titreşimler yaranır. İstediğiniz ve istemediğiniz şeyler hayatınıza girer. Başkalarının yarattığı koşulları kontrol etmek imkansızdır. Bazileri özel gücleriyle veya her hangı bir güc uygulamkla mutluluklarını tehdit edebilecek herhangi bir olaya eğemenlik kazanmakla inşa ederler. Ama maalesef her ne kadar istenilmeyenler için baskı yapıyorlarsa daha çok onlarla uygunlaşıb ve onları hayatlarına bıraklırlar ve sonüçta daha çok korkutucu düşüncelerin yıkıcı olduklarına inanırlar.

Bunların yerine, dünyanın size yardımcı olması için ve arzularınıza erişmek için kendi inançlarınıza israr edin ve başkalarının düşüncelerine ya başka olaylara eğemenlik kazanmağı düşünmeyin.

Olumlu düşünemediğinizde ve henüz odaklanmadığınızda, ilk titreşimler önemsizdirler ve cazibe veya çekişleri yoktur, bu nedenle bu erken aşamalarda bu arzunun ortaya çıktığına dair hiçbir işaret görmüyorsunuz. Ama düşünceniz uygun fikirleri çeker ve gücleir bu nedenle cazibe gücü yükselir ve başga benzer titreşimlerde ona eklenir ve bu fikir sizde iyi hiss uyandırır ve buda uyum içinde olduğunuzun belirtisidir. İyi hissiniz olmadığında sizin gerçek vücüdünüzla uyum içinde olmadığının belirtisidir.

Çoğu insanlar kendi düşüncelerinin yaratıcısı değil; onların düşünceleri etraflarında olup bitenlerin bir fonksiyonudur. Görüyorlar ve onlarda dugusal hiss gördüklerine tepki olarak ortaya çıkar ve gördükleri üzerinde hiçbir kontrolleri olmadığı için, zihinsel ve duygusal tepkileri üzerinde hiçbir kontrolleri olmadığı sonucuna varırlar.

şunu size bildirmek istiyoroz ki duygusal sabitleme noktanız üzerinde tam kontrole sağlayın bundan dolayı da onu değiştirebilirsiniz ve daha fazla güç ve kapasite verebilirsiniz.

Coşku ve tutku hissi sizde yoğun bir temayülün tezahürüdür. Öfke ve intikam hisside yoğun temayül belirtisidir; halbuki mutsuzluk ve can sıkıntısı zayıf temayülün ve arzu yoksunluğunun göstergesidir.

Sizin heyecanlarınız iç titreşimlerinizin mutlak belirtisidir; böylece sizin cazibe gücünüzün kalitesini gösterir. Onlar her an size isteklerinizin yerine getirilmesine izin verip vermeyeceğinizi belirleyecekler.

Titreşim modelini değişmek çok zor bir iş değil özellikle azar azar bunu yapmanızı bildiğinizde.

bununla size bir soru verilir ve soru budur: nasıl kendimi arzularımın titreşimiyle uyum içinde tutabilirim ve bunun cevapı basit: kendi hisslerinize dikkat edin ve fikirlerinizi bilinçli seçin neye göre olur olsun fakat istediğiniz olun ve onu düşündukte sizde iyi hissler oluştursun.

Sevinç ve mutluluk hissettiğinizde isteklerinize yönelip ve yaklaşıyorsunuz.

Arzularınıza yönelme işleminde daima mutluluk hissi duyacaksınız.

Rifah ve huzur Çok fazla, bu yüzden ona doğru hareket etme konusunda tehlikelerden endişelenmenize gerek yok.

Bilmelisiniz ki fikirlerinizin meyve vermesi zaman alır bu nedenle değerlendirmeğe, karar vermeğe, ve yaratıcılık sürecinden zevk almağa yeterince firsat vermelisiniz.

Sizin istediğinizden başka bir şeyi elde etmenizin nedeni, yalnız ve yalnız dikkatinizin önemli kısmını bilmeden başka bir şeye odaklandırmanız.

Neyi düşünürseniz onu elde edeceksiniz onu istesenizde istemesenizde.

Bir süre denedikten sonra, dünya kurallarının sabit olduğunu anlayacaksınız. size yalan söylemezler ve değişmezler. Kafanızı karıştırmaz. Dünya, sağladığınız titreşimlere dikkatle yanıt verir.

duygularınızın yönlendirme gücünü fark ettiğinizde, güncel düşüncelerinnizin önemini daha fazla anlarsınız ve her an istediğiniz hedefe döğru hareket ettiğinizi ve ya onda uzaklaştığınızı fark edersiniz.

Bu bilinçi elde ettiğinizde, rahatlarsınız ve sakince yolculuğun tadını çıkaracaksınız.

Mesela yemek pişirmek istiyorsunuz ve mutfakda işinize uygun gelmiyen bir şeyler var. Onları kullanmağınıza gerek yok. Bir yandanda mutfakda olduğunuzdan mutsuz değilsiniz. Yalnız uygun malzemeleri istediğiniz yemeği hazırlamak için kullanırsınız ve diğer malzemeleri kenara bırakırsınız.

dünyadaki çeşitlilik sizi korkutmamalı, tam tersine size

ilham vermeli; çünkü her birinizin ayrı bir deneyimin yaratıcısı olduğunu biliyorsunuz.

Şimdiye kadar gemilerde ve uçaklarda bulunan deniz ve havacılık radarlarından bir şeyler duydunuz mu? konumbelirleme sistemi asla "Nerelerdeydin?" diye sormaz. veya "neden bunca zaman orada kaldın?" Görevi sizi en kısa yoldan varış noktasına götürmektir. hissleriniz aynı rehberlik sistemini size sağlar; çünkü onları görevide sizi olduğuuz yerden istediğiniz yere götürmektir.

başkalarına verebileceğiniz en büyük hediye, mutluluğunuzdur. Sevinç, neşe ve mutluluk halindeyken tamamen olumlu enerjinin akın kaynağına ve kendi gerçekliğine bağlanırsın. Bağlantı halindeyken, sizin dikkatinizde olan herkes ve herşey bu dikkattan yararlanır. Sizin mutluluğunuz başkalarının davranışıyla bağlantılı değil. Aynı zamanda kendi iç titreşimlerinize bağlıdır. kara gezilerinde yol için endişelenmenize gerek yok; çünkü iki şehrin arasındakı mesafeni biliyorsunuz. Nereden geçtiğinizi biliyorsunuz ve yalnış yönde gittiğinizinde, nelerle karşılacağınızı biliyorsunuz.

Bunu bilerek, duygusal rehberlik sisteminizin farkına vardığınızda asla ne olmak istediğiniz konusunda hata yapmayacaksınız. ayrıca, sunduğunuz her düşünceyle, hedefinize daha yakın veya daha uzak olduğunuzu bilirsiniz.

tek yol, hiç istemediğiniz şeyleri düşünmemeniz veya bunlara dikkat etmemenizdir; dikkat etmediğinizde sizin bir parçanız olamazlar.

Her bir durum ne kadar kötü olsada düşünce ve bakış açısı değişikliğiyle değişebilir.

Düşünceleri seçmek yoğun odaklanma ve deneyim gerektiriyor. Şimdiki halinize odaklanıp ve her zaman olduğu gibi düşünürsünüz ve inançlarınız her zaman olduğu gibi olsa, hayatınızda hiç bir değişim olmaz. Size kendinizden başka iyi olanı kimse bilemez. Kendinize iyi olanı her an farkedebilirsiniz.

Düşüncelerinzin gücüne ve istediklerinizi elde etmekte gücüne vardığınızda kendi hayatınızın ve tüm olayların kontrolünü sağlamış durumda olursunuz. Sevgi ve kendinizi övme, kendinizde geliştirebileceğiniz bir yöndür. Kendinizi övme, kaynak enerjinin titreşimleriyle mükemmel bir uyum içindedir. Yani arzularınızın gerçek olacağına inandığınızda, yaratıcı bir durumdasınız; Ama yerine getirildiğine inanmadığınız bir şey istediğinizde, onu kabul etmiyorsunuz ve bununla elde edemeyeceksiniz. Bir şeye odaklanıldıktan sonraki 17 saniye içinde titreşimler etkinleştirilir ve her ne kadar odaklanma yoğunsa dünya zihninize kaynak düşünceyle uyum içinde olan yeni fikirler getirir. Eğer 68 saniye özellikle bir konuya odaklanarsız titreşimler o kadar güclü olar ki görülmeğe başlar.

duygusal durumunuzun farkında olduğunuzda düşüncelerinizi öyle yönlendirebilirsiniz ki yalnız istediğiniz ve hoşlandıklarınızı size çeksin.
Kendinizi iyi hissetmediğinizde, hislerinizi düzeltmelisiniz. böylece istenmiyen bir şeyi size çekmez. gönüllü yaratım, koşulları değişmek ve sonra moral değişmek anlamına gelmez. Gönüllü yaratım, moralinizi değiştiren düşünceleri seçmek anlamına gelir ve bu moral, duygu ve his değişikliği arzuları çeker.

Iyimserlik
Etrafınıza bakıpda halınızı iyileştiren bir şeyler bulmağa çaba göstermelisiniz. Çaba gösterip dikkatinizi buna yönlendirmelisiniz ki ne kadar güzel, faydalı ve harikasınız ve bu odaklanmağa devam edin, sizin olumlu fikirlriniz çoğalacak. Bu yöntem sizde güçlü titreşmeler yaratır.
Kesinlikle övgüye değer şeyler bulmaya çaba gösterin; Çünkü amaç, kusurlu ve kötü şeyler bulmak değil. İyi şeylere ne kadar odaklanırsanız, çekim kuralı o kadar iyi düşünceleri, insanların deneyimlerini ve iyi ruh halinize uygun şeyleri ortaya koyar.
Her ne kadar olumlu tanımlarsanız, varoluşsal titreşimlere karşı o kadar az direnç göstermeniz gerekir. her ne kadar az dirençli olursanız, hayatınız o kadar iyi olur. övgü sürecini uygulayarak kendinizi daha yüksek titreşimlere yükseltebilirsiniz ve

kötümserliği kendinizden uzaklaştırabilirsinniz. Bir müddet geçdikten sonra kalıcı neşe hissini deneyeceksiniz. Bir müddetten sonra sizin iyi hissleri çekim gücünüz yükselecek. Başlangıçta her gün on ila on beş dakike bu işi yapınız. Bir kaç günden sonra kaç defa buna meşgul olduğunuzu göreceksiniz bir kaç saniye olursada olsun nerde olursa olsun fark etmez bunu yapın. Her halde o iyi duygunu elde edersiniz. Sürekli şükran ettiğinizde ve övdüğünüzde enerji kaynaklarına bağlanmışsınız ve ona güveniyorsunuz, böylece artık savunmasız değilsiniz, korkmuyorsunuz ve olaylar hakkında endişelenmiyorsunuz.

Arzular paneli
Her şeyden önce güzel şeylerden, güzel fotoraflar bulmalısınız o kadar güzel ki baktığınızda sizi mutlu etsin. Duvarda gözünüz kolaylıkla gördüğü yerde böyle yazın: kalbim ne severse orada var. Her ne kadar düşünseniz ve dikkat etseniz ve direnciniz olmasa ve hepsini elde edeceğinize inansanız moraliniz iyileşir. Kapılar önünüze açılır ve kolaylıkla istediklerinizi elde edirsiniz.
Sizin dünyanız bu paneldedir. Tıpkı sihirli lamba devi gibi, bir sandalyede oturuyorsunuz ve dünyanın herhangi bir yerine gidip istediğinizi alma yeteneğine sahipsiniz; güzel bir ev sahibi olmağı arzularsınız gidipte istediğiniz şehirde onu imşa edersiniz, kendinize kazanç elde edersiniz. Her ne isterseniz

kendinize sağlarsınız. Tüm sevdiğiniz ve güzel şeyleri sağlarsınız ve bu panele takarsınız.

Bunu zihinsel olarak da yapabilirsiniz ama eğer bir panel hazırlayıp ve arzularınızın göstergeşş olanları ona takarsanız daha fazla zevk alırsınız.

Arzularınızın her birinin üzerine odaklanın ve her birini istediğinizin nedenin yazın. Düşünme aşaması sizin ani ve önemli deneyimlerinizin üzerine odaklanır. Bunları neden istediğinizi düşündükte iç direnciniz azalır ve düşünceleriniz netleşir; amam unutmayın bunu sormağı ki nasıl ve ne zaman arzunuza erişeceksiniz. Buunla sizin iç direnciniz çoğalır özellikle eğer bu sorulara cevap bulamazsanız.

Bu liste ayrıntıların her birine dikkatle ve bu ayrıntılara bir liste yazmakla daha detaylı hale gelir ve devam eder. Liste ne kadar uzun olursa, o kadar fazla enerji biriktirirsiniz ve hedefinize o kadar çabuk ulaşırsınız. Unutmayın, sunduğumuz şey sizden her gün azacık zaman alır ve bunun yerine sağlık, neşelilik, zenginlik ve iyi ilişkiler ve tam bir manada hayatınıza gerekli olan her şey size cezb olur.

Gelecek hayatınızı film keyfi ile oynadığınızda; sadece mali durumunuz değil, hayatınızın diğer yönleri de iyileşir. Bu oyun ne fakat istedipınız şeylerin etiafınıda titreşimlerin çoğalmasına neden olur belki bunun yanısıra istediğiniz şeylerin size cezb olmasına da neden olur.

İnanç nedir?

Zihninizde tekrarlanan her türlü düşünceye inanç denilir. Bazi inançlarınız çok faydalı: sizin kaynakdan olan bilginizle uyumda olan düşünceler ve arzularınızla uyum içinde olan düşünceler...; Ama bazi inançlar faydasız: örneğin sizin yetersizlik ve beceriksizliğinizle ilgili olan düşünceler. Kendi doslarımıza bu dünyada demek istiyoruz bizim fikirlere dikkat etme tavsiyemizin nedeni bu yöntemle çok basit ve hızlı zihninizi arındırabilirsiniz. Yeter ki kapını açasınız butun bunlar, size akışmağa başlar. O zaman bu kadar hoşluğa çare etmelisiniz.

Kalbiniz istediğine dikkatinizi yönettiğiniz zaman iyi hissleriniz var, tersine eğer dikkatinizi istediğiniz şeyin eksikliğine odaklarsanız kötü hissleriniz olur. Böyle gösterin ki kaleminizi veya kağıdınız sihirli ve ne yazıyorsunuz gerçek oluyor. Bununla iki temel yolu arzularını elde etmek için yaparsınız. Birincisi ne istediğinize odaklanırsınız, ikincisi ise İnatçı ve dirençli düşünceleri ortadan kaldırısınız.

Bu metnin baş karakteri sensin, diğerleri sonraki rolleri oynuyor. Kimlerin şu oyunda (piyes) rolu olduğunu belirleyin ve sonra planı yazın.

Planı yazmak çok önemlidir ve amaç sevdiğiniz hayatı hissetmeğinizdir. Bu metni zihninizde sık sık okursanız güçlü bir imaj haline gelir. güçlü imaj enerji titreşimlerine sahüptür ve bu titreşimşer, hayalleri gerçeğe dönüştürür.

Kağıdını götür ve sayfanın başına bir çizgi çek ve sağ tarafa böyle yaz: bugun yapacağım işler ve onun karşısına yaz, Allahtan yapacağını istediğim işler. Şimdi bugun yapacaklarının uzun listesine bak ve kalbin yapacağını istediklrini seç ve bugun yapacak işlerinin bölümüne ekle ve başka işleri Allahın yapacağı başlık altına ekle.

Siz kabul eden bir varlıksınız, düşünce süreci sizde hızlı ilerliyor ne düşünürsen ve ne istersen, ona net bir şekilde odaklanabilmen gerekir. Ancak bu odaklanma çoklu düşüncelerin neden olduğu zihinsel karmaşıklık nedeniyle mümkün değil. Bir örnek vereyim size.

Yavru fillerin bacaklarını iki metrelik bir ip ile, yere çakılan bir çiviye bağlarlar. Başlangıçta yavru fil ipi kırmağa çok çaba serf eder ama başarısız olur bir kaç gün telaş ve çabadan sonra yorulur ve çabanı bırakır. Bir kaç yıldan sonra çok tonlu bir file dönüştükten sonra aynı iki metrelik ipi bacağına bağlarlar o yeniden ipi kırmağa çalışmaz, neden? Biliyorsunuzmu? Çünkü ipi kıramıyacağına inanmış. Gücüne sahip olmadığına ve hiçbir şey yapamayacağına inanmış. O buna inanmış ki yalnız iki metre hareket edebilir ve hareket mesafesi o kadar.

Bakış açısının, inançların, görünüm veya izlenimlerin etkisi o kadar ki ömrümüzün sonuna kadar o fil gibi zihnimizin zincirlerinde esarette kalabılırız ve şu zihinsel esaret bize değişim ve ilerlemeğe izin vermeyebilir. Görünüz inançlar bizimle ne yapabilir.

İnançlar o kadar güclü ki insanı felç edebilir ve çabanı bırakmağa neden olabilir.

Olumlu sorular hayatınızı değiştirir.
Onlar ki hep söylüyorlar neden bu kadar felaket başıma geliyor? Hayatlarını nasıl bir çıkmazasoktuklarının farkında değiller. Çünkü zihin sorunuzun cevabını aramalı ve bu sebeplerden dolayı mutsuz olduğunuzu size göstermek için cevaplar bulmalıdır. Siz dediğinizde ki: bu arzuma kavuşsaydım ne olurdu? Sizde bir başka tür intizar yaranır; direnci ve inatı az olan bir intizar. Şu soru sizde olunlu bir tepki yaratır bununla sizi kolaylıkla istediğinize götürür.
Ya bu ki; doslarımla çok vakıt geçirebilsem ne olurdu? Ne olurdu eğer sokaklar kalabalık olmasaydı ve kolaylıkla maksete varabilseydim? Eğer iş başında iyi bir günüm olsa nasıl? Hayatta iyi bir eş bulsam nasıl? Şu ifadelerin önemli olduğu ibaretlerin yumuşak ve kolay olduğudur ve az dirençe neden olurlar.
Bir konu hakkında nasıl bir hissiniz olduğunu bilmek istiyorsanız; ne hissettiğinizi açıklayın, ancak daha da önemlisi nasıl hissettiğinizi tanımlayın.

Zenginlik dygusu
Önce bir 50000liralık ve ya daha az bir bakıt çek götürün ve cüzdanınıza ya cebinize koyun. Her zaman yanınızda saklayın ve paranın orada olduğunu

unutmayın. Her zaman orada olduğundan memnuniyet hissedin ve size verdiği güvenlik hissini düşünün. Şimdi bu nakit çekle gün içinde ne satın alabileceğinizi düşünün. Şık bir restoranın yanından geçtiğinizde kendinize deyin eğer istersen girip sevdiğin yemeği sipariş verebilirsin. Bir giyim mağazasının önünden geçtiğinizde, unutmayın isterseniz güzel bir bluz veya pantolon satın alabilirsiniz.

Bu nakit çeki sakladığınızda her zama hatırladıkca onun titreşimlerini alırsınız. Bu paranı harcamasanız ve zihninizde kullansanız 20 ya 30 kere titreşimleri size ulaşır ve sanki bir kaç yüzbin liranı kolaylıkla ve kendi isteğinize harcamışsınız.

Olumsuz bir hisse sahip olmak bir alarm gibidir ve sizi kötü şeyleri kendinize çekmekden haberdar eder. Bunun basit çözüm yolu şudur; kötü hisleriniz oldukta sabr edin ve kendinize böyle söyleyin istediğim şey iyi hisslerdir.

Daha çok gülün ve daha az ağlayın. Daha çok iyimser öngörüler ve daha az kötü öngörüler. Hiç bir şey iyi hisslerden önemli değil, bunu yapmaya çalışın ve sonra ne olacağını görün.

Biz size böyle bir yeteneğe sahip olduğunuzu söylüyoruz o her zaman sizin manfeatiniza çalışır yeter ki dünyadan size bir iş yapmasını talep edesiniz.

Buna inanabilirmisiniz her ne kadar isterseniz bu dünyada kalabilirsiniz fakat bu şartla ki mutluluk dolu bir hayatınız ola ve istediklerinizi direncsiz ve olumsuz düşünceler olmadan kendinize çekebilesiniz.

Arzularınız ve istekleriniz daima hayat gücünün size akışına neden olur ve siz neşe, mutluluk ve sevinçle hayatınıza devam edersiniz. Arzusu olan kişi hayata bağlıdır ve arzusu olmayan aksine bu dünyaya bağlılığı yoktur ve yaşam ışığı onda sönmek üzeredir.

Hayatı kolaylaştırın. Hayatı ciddiye almaya ve zor çalışmaya alışmısınız. Böyle değil yaşam bir oyundur çok ciddiye almak gerekmiyor çünkü sizin ömrünüz yer küresinde mahdut ve sınırlıdır.

Kendinizle ilgili yeni ve temel düşünceleri kabul edin. Siz annenizin rahiminden dünyaya ayak bastığınızada kültürel koşullar tarafından çevrelendiz ve bu koşullar öyle tasarlanıb ki normal ve adi bir hayat yaşıyasınız, temelde hayat size verni kabullenmek. Çoğu zaman, hayallerinizi gerçekleştirme anlayışına veya yeteneğine sahip olmadığınıza inanmaya planlaşmışsınız.

Aslında kendi özgür iradenizle yaşayabileceğinize dair bir farkındalık var. Bir varlık olarak kendinize ilişkin algınızı değiştirebileceğiniz ve kendinizi tüm hayallerinizden memnun bulabileceğiniz yer.

Alışkanlık; Yaptığınız her şeyi, kültürünüz ve ailenizin size planlaması demek. Bu kendinizi her şeye adapte ettiğiniz anlamına gelir. Çok çalışıyorsun, yapılması ve yapılmaması gerekenlere ve kurallara uyuyorsun, iş ve çalışma formlarını dolduruyorsun, vergilerini ödüyorsun, bir iş buluyorsun ve bir toplumun vatandaşları ne yapıyorsa, sende yaparsın. Sonra emekli olarsın, torunların olur, onlarla oynarsın ve sonunda ölürsün. Aslında vurgulamak istiyorom bu senaryoda yanlış bir şey yok, her şey yolunda ve harika ve eğer hayattaki böyle bir kalıp sizin için kabul edilebilirse, o zaman artık bu kitabı okumanıza gerek yok.

Ruhunuzun ideali, istediğiniz şeydir, her şeyden fazlasına sahip olmaktır. Sizin ruhunuzun ideali azamet, büyüklük ve genişliktir ve en çok ihtiyaç duyduğu şeylerden biri de özgür olmarak genişlemedir ve sonsuzluğa ulaşmak.

Bu kendinizden yeni bir kavramdır, ruhunuzdan kaynaklanan bir şeydir.

Bileşenler, vücudunuzun dış fiziğinin ne olduğu hakkında gerçek olarak kabul ettiğiniz her şeyi içerir.

Doğuştan gelen yetenekleriniz olarak inandığınız her şey ve ayrıca yaşam boyunca öğrendiğiniz her şey, aslında kendinizin dışsal kavramıdır.

Kendinizin dışsal kavramı sizin yaklaşımınızı sağlığınıza, güvenliğinize, hastalığa ve hastalıklara ebfeksiyon kabiliyetinizi içerir.

Eğer aşırı kilolu olma eğilimindeyseniz veya şeker, kafein, yağ, et, süt ürünleri gibi çeşitli maddelere bağımlıysanız, bu maddeleri almak ve elde etmek için sınırları siz belirlersiniz. Kendinizin iç kavramı, onunla ilgili inançlar ve varlığınızın büyük kısmını oluşturan zekadır. Ben insanın iç dünyasını sık sık makine adamdaki ruh olarak düşünüyorum.

Hayatınızda tüm hayallerinizi gerçekleştirmek yeteneğe sahip olmak istiyorsanız kendinizden daha yükseğe çıkmanız ve hayatınızın olaylarında değişimler yaratmanız gerekir.

Bu, genellikle konseptinizde bir değişiklik olarak görülen zor şeylerle uğraşmanız gerektiği anlamına gelir.

Unutmayın ki konseptiniz sizin için içten ve dıştan geçerli olduğuna inandığınız şeydir. Halhazırda hayatınızı doğru ya da yanlış diyebileceğimiz inançlar oluşturmuşlar.

Direnç göstermeyin
Sizi yapmasına teşvik ettiğim şudur ki mutlu ve rahat yaşamak arzu edirsinizse,sahip olduğunuz tek şey bu dünyasal yaşamdır, içsel direncin üstesinden gelmelisiniz.

Çok az ve nadir insanlar, başarılı olmak için aşiri bir tutkuya sahiptir; ama bir arzuya göre aşiri tutku, bir tipik başarıyı elde etmekten çok farklı. Bu tutku insanı içine aldıkta, bırakmaz.

İçsel bir bilinçin yanı sıra aşiri bir tutkuya sahip olmak, arzularını ve isteklerini elde etmek için bir kişiye temel gerekliliklerin biridir.

Hiç kimse fikirlerin nerden gelib de nasıl oluşmasını söyleyemez. Amam genellikle düşünmeni ve düşünceleri gerçekliştirmeyi kabullenmişk, ben hayatımın büyük kisminde şöyle bir yaklaşımım vardı.

Zihninizin pencerelerini yeni fikirlere ve yeni düşünce tarzlarına açın bu sizin zihinsel kavramınızı değiştirmenize yardımcı olur. Kendinizi, aklına gelen düşünceleri seçme şansı olmayan bir insan olarak hayal etmeye çalışmak yerine, kendinizi ilahi ve sonsuz bir varlık olarak bile düşünebilirsiniz.

Sizin bu yeni yönteminiz yani düşünceleri seçtiğiniz, sizin benim kasttetiğim en yüksek şahsi kavramı anlamanıza neden olur.

Sizi bundan önce sınırlayan yeni deneyimlere açık görüşünüz olsun.

Şu cümleyi unutmayın: siz yapacak istediğinize hiç bir sınır ve kısıtlama yok.

İnandığınız vucudunuzun bir parçası, elde ettiğinizle ya kazadığınızla ya sahibi olduğunuzla tanımlanır. Bu sizin özel güç ve kısıtlamalarla başbaşa olan bir varlık olduğunuzun kanıtıdır.

Sanırım şaşıp kalırsınız eğer ben size mutluluğa, başarıya, sağlığa ve genellikle istediğinize götüren bir takım inancları anlatsam. Yüksek benliğe sahip olma fikri, her zaman dünyada tanımlanan ben ve bencillik kavramınan daha yüksektir. Aslında, yüksek benlik benden daha yüksek ve daha üstün özellikler içerir.

Kuantum fiziği, Benin sizin eğemenliğinizde olduğunu belirtir. Bir paragrafı okurken ya önceki bir paragrafı okuduğunuzda tam farklısınız. Bu, diri kalmağımıza neden olan fiziksel dünyanın mahiyetidir.

Gerçek nedir? Ruhsal bir varlık hemen yanıt verir: asla değişmeyen gerçek bir şeydir ve bedeniniz sürekli değiştiği sürece gerçek değildir.

Yaratıcı her canlının içinde, kendisinden bir parça ve yaratıcı tabiatından bırakmıştır bu nedenle her bir

yaratık bir yaratıcı olabilir. Yani ihtiyaclarınızın tamin edilmesine diş kaynaklari beklemekdense, kendi fikirinizle, gücünüzle ve ruhunuzla onları elde etmek için bir şeyler yapmalısınız. Yüksek benliğinizi fark etmek size büyük bir başarıdır. Allahtan vucudunuzda bir ışık var kişisel değil onu hissle elede edemezsiniz. O ışık kalb vuruşuna, tüylerin uzanmasına ve soluklamaya neden olur.
Allahı ışığı çoğaldıkta böyle demelisiniz: Allahtan olan parçam bütündür.
Isa hazretleri buyurup: Allah olunca her şey mümkün olur. Bu olumlu ifadeleri defalarca tekrar edin: Ben güclüyüm
Allah aşkın en muazzam kaynağıdır.(aşkda en yüksek makam Allahındır ve onda kalacak), siz kendi vucudunuzda bu aşka sahipsiniz.
İnsanın yapabilmeyeceği bir şeyler var dünyada ama Allah bunların hepsin yapabilir. Şimdi her şey mümkün. Hiç bir şeyi kaldırmayın.Allaha yakın olduğunuzda saygınız artar. Hayatınızda başkalarına ihtiyaç duymadığında Allaha yakınsınız.
Size en yakın Allahtır... siz Allahla olmadan Allaha yaklaşamazsınız bunu buldukta kaynak gücünüzü yeniden alacaksınız. Çünkü kaynağınızdan umutsuz olduğunuzda, hayatınız çok sürmez. Siz Allahı benzersiz formunda gorursunuz ve siz o üstün ve benzersiz formlardan birisiniz.
Bağlandığınız şey aslında sevgi, barış ve zevk gibi bir dizi evrensel mesajlardır ve varoluşumuzun kaynağı ile

bir olan, arzularımıza ulaşmak için sonsuz gücümüz var. Bununla ben " ben varım"ı gösterdim ve sizi içeriğinde incelemeğe teşvik ettim.

" ben varım" Allahtan tam bir eylemdir ve bizler kendimizin "ben varım"larımızı Allahtan bir yansıtma olsun diye birleştirmeliyiz.

"ben" kelimesi sizin ilahi ruhunuzla birleşip ve size hatırlatmalıdır ki siz Allahdansınız ve yaratma gücünü Allahtan almışsınız.

Dikkat ediniz etrafınızdakilar, aile üyeleri veya yakın arkadaşlar dahil, nasıl "ben" in içsel gücünü kullanır. Dikkat ediniz, çoğu kendilerine zayıf, fakir, açgözlü, üzgün, korkak ve bilgisiz diyor ve bunu iş hayatlarınada sokmak istiyor. Onları dinlemek istiyorsanız ve sonra değiştirmek istiyorsanız, Onlara yavaşca bu olumsuz düşünceleri özümsemeleri gerekmediğini ve bunları iç gerçeklikler gibi kabul etmemelerini hatırlatın. Çelişki etmeyin yavaşca söyleyin. "ben varım"i gördüğünde ve bildiğinde kendi "yüksek benliğiniz"le birleşirsiniz.

hayal etme
hayal gücü ve hayal etme bilimden daha önemlidir. Bilim sınırlıdır halbuki hayal dünyanı çevrelemiştir.
Allahın size en muazzam bahşı, size hayal gücünü vermesidir. İçinizde, gerçekleşen arzularınıza bir kapasite var. Hayalınızda düşündüğünüz en büyük güç

var. Bu alanda, içsel güçlerinizle dünyanıza hakim olabilirsiniz.

Her neyi istersiniz onu hayal edip kendinizin olduğunu düşüne bilirsiniz. Hiç şupheniz olmasın. Hiç bir mutsuzluk, telaş ve korkuya izin vermeyin. Tüm bilgiler sizde.

Etrafınıza bakın, hislerinizle duyduklarınız ve denedikleriniz bir zamanlar sadece başkalranın hayaliydi. Bü bilmeğiniz gereken büyük bir gerçektir. bu dünyaya girmeden önce sadece hayalda olan çok fenomen vardı. Önce hayalınıza girmelidir. Hayal gücü olmadan yaratma ve keşif sureci durur.

Şu muazzam güç sizde var, bu gerçekten bir sınırsız güctür ve sizin hakkınız olarak size bahşedilmiştir.

Günümüzde kuantum fiziği dünyası, evrenin doğaüstü enerjiden oluştuğunu ve parçacıkların herhangi bir parçacıktan oluşmadığını vurgulamaktadır. Her şey, hayalınızda aynı olan şeyden kaynaklanır. Siz ona dokunamazsınız,onu tadamazsınız, duyamazsınız ve koklayamazsınız. Hiç bir sınırlama yok. Siz dünyayı matematiksel formüller veya bilimsel araştırmalarla isbatlayamazsınız. Hepimiz biliyoruz var. düşünceleriniz, size nüfuz eden inançlardır. Sizde olan bu hayaller bilimsel olarak hiç bir zaman kanıtlanmamiş.

Belki de hayal gücünün en yaygın yalnış kullanımı, hiçbir şey istememenin vurgulanmasıdır. Hayalı böyle kullanmak en büyük hatadır. Halka açık sohbetleri dinleyin, inanılmazlığını anlayacaksınız. Hayal edin böyle bir ifadeleri bulasınız: ben bu başarıya layık değilim, ben mutsuzum, hiç ne bene yardım edemez, ben sağlıklı değilim ve iyileşmiyeceyim. Bunlar bir takım inançlardı çoçukluk döneminen zihnimizde kaldı.

Bunlara inananlar gerçek benlerinden yüksek uygulama hayal etmemişler ve arzularını gerçekleştirememişler.

Hayal gücünüze dikkat etmeğe, ilgilenmeğe ve serbest bırakmağa başlayın. Taklit etmek yerine, sürdürmek istediğiniz inanç ve arzularla dolu yaratıcılığınızı dolduracak bir uygulama yapın, hayal gücünüze saygı gösterin, buna baakmayarak ki başkalrı onu imkansız bulur ya alay ediyor. Hayalınızda olana ve fiziksel olarak gerçekleşmiyene inancınız olsun.

Hiç zaman istemediğiniz fikri hayalınıza sokmayın.

Hiç zaman hayalınıza izin vermeyin olumsuz fikirlerle sizi hayatınıza kötümser etsin.

Hayalınızdan Allahı tanımanızı bütünleştirmek ve gerçekleşmemiş arzularınızı muhakkak etmek için yararlanın çünkü sizi yüksek bilinçe ve benliğinizden yükseğe götürür.

Hayal gücünüzün yalnız ve yalnız size ayit olduğuna inanın. Aslında o zihninizde hiç kimsenin erişimi olmayan geniş ve sınırsız alandır. Hiç kimse sizin hayalınıza girip ve tercihlerini ona sokamaz. Ayrıca, hiçbir inanç muhteşem hayal gücünüze giremez ve sizi inançlarınızdan uzaklaştıramaz.

hayalınız, her tohumun büyümesi için verimli bir zemindir. Bu kural size böyle tevsiye edir, hiç bir zaman başkasının inancına hayalınızda yer vermeyin bu ki ne size mümkündür ve ne imkansızdır, ya kim olmalısınız ve ya her tür başka bir inanç. Dikkat ediniz mühtemel ki bu inançlardan bazisi gerçekten iyi niyetle diğerleri tarafınan önerilebilir ve sizi çoçukluk dünyasına götürür ve yükseltir.

Asla ve asla hayallerinizi veya hayal gücünüzü mahvedebilecek birine inanmayın. Bu sizin mülkünüz ve giriş yasak işaretini hayal gücünüzün üstüne takın.

Hayalınızın hayatınızın alışılmış koşullarının sınırında kalmağa izin vermeyin. Hayalınız sınırsızdır eğer onu adi düzeye seçerseniz, hayatınızın adi düzeyinde eski düşüncelerle kalırsınız. Şu anda var olan her şeyin hayatın gerçeği olduğu fikriyle.

Yaşamın amacı ile ilgili deneyiminiz olmadığında veya hayatınıza korku, öfke, nefret, düşmanlık ve mutsuzluk gibi olumsuz duygular getirmeyi tercih ettiğinizde, bu ipucu size yardım eder ve size bir yöntem olarak gelir. Bu duyguların her biri sizi Allahınızdan uzaklaştırır. Olabildiğince mutlu olun ve hayatın tadını çıkarın.

Neden Allahtan korkursunuz. Allah aşıktır ve benzersizdir. Allahtan korkduğunuzda, öfkeli ve sınırlı olduğunuzda nasıl başkalarına aşık olabilirsiniz. Korku, rahatsızlık ve nefret sizi incitir. Allah çok marhemetlidir. O kadar Allahı rahmetine inanın ki kalbiniz çoşkuyla dolsun.

Kelimelerle nasıl oynadığına ilgilenin. Nasıl kötü anlamalı kelimeler kullanırsınız ...güzel konuşma hayatınızı altüst eder. Hayalı kullanmağı deneyin kendinizi tek olumlu bir yolda ve güzel fikirlerle tanımlamak için.

Hayalınıza hiç bir sınır belirlemeyin ve aşınmış inançlarınızı özel bir mekanda saklayın; öyle ki kimse sizi umutsuz etmeğe kalkmasın. "giriş yasak" işaretini özel rotayı hatırlatmak için hayal alanınıza takın.

Benim hayatım,hayalımın gerçek alemde tezahürüdür. Ben böyle yaşıyorom ve kimse beni bu hayat tarzından uzaklaştıramaz, çünkü başka bir yere gitmek istemiyorom. Fakat şunu biliyorom eğer tüm dünya beni aptalca hayallerimnen uzaklaştırmağa çabba gösterse, hiç bir zaman hayalımı benden alamazlar. Bu bir düşünce temelidir siz bunu seçebilirsiniz.

Hayalınız fiziksle olarak Allah bildiği zaman muhakka ola bilir bu nedenle nasıl olacağını unutun ve hayalınızda içsel olarak yaşayın. Bu, elbette sahip olduğunuz büyük bir güç, eğer onu kendi gücünüz olarak kabul etmek istiyorsanız.

Sizde olan Allahtan alınmış bu doğal gücünüzü farkına varmanızı vurguluyorum, senin için hayati önem taşıyor ve onu ömür boyu kullanabilirsin.

Bu inancı elde etmek için inatçı olun. Hayallerinizi Sürekli elde tutun ve öyle hayatınıza devam edin sanki hayalınızda olan inançınız grçekte mahiyetinizdir.

Biz her şeyden önce enerjiyiz ve fiziksel bedenimiz enerjimizin tek ifadesidir. Enerjimizi değiştirirsek, fiziksel gerçekliğimizi de değiştirebiliriz.

Allahın fiziksel bedeni yoktur ve yalnızca enerjidir ve bu ilahi enerji, duyularınızın bildirdiği maddi dünyanın enerjisi gibi değildir.

Görkemini anladığında, sadece hayatının ihtişamına kapılırsın ve eğer "sevmeğe" inançınız varsa sevmeği çekersiniz.

En iyiyi çekmenin en iyi yolu kendinizi sevmektir. Bu sevmek hayatınıza inanılmaz bir şeyleri çeker ve bu basit bir gerçektir.

"Ben zayıfım" derseniz, içindeki Allahın ismine leke sürüyorsunuz. Nasıl zayıflık dünyanı yaratan kaynağa- Dünyayı aydınlatmaktan sorumlu enerji kaynağı- mümkün olur.

"bu sizin kanunuzda yazılı değil". Siz nasıl yüksek benliğinizle yaşamak istiyorsunuz hal bu ki bunu düşünüyorsunuz "ben zayıfım". Kendinizi böylesine küfürlü bir şekilde tanımlamanıza izin var mı? "ben güçlüyüm"ü düşündüğünüzde, hayalınızda ihtiyaç duyduğunuz bir şeyler koydunuz ve onunla " güçlü olmak"kaynağıyla "zayıf olmak" yerine birleşmisiniz.

"ben istediğim işi bulamıyorom " yerine "ben güçlüyüm" deyin. "barışta ve huzurda yaşama imkanım yoktur " yerine
"ben barış ve huzur içinde yaşıyorom" deyin. "ben aşkda şanslı değilim" demeğin belki deyin "ben aşkda

çok şanslıyım", "ben mutlu değilim" yerine "ben mutluyüm" deyin. Kendinizi vasfetmek için kullandığınız "ben varım" cümlesi, Allahın adına kutsal bir cümledir. En yüksek boyutunuzu düşünün. her zamankı alışkanlıkları bir kenara bırakın kendinizi tanımlamak için aşağılayıcı terimler kullanmayın.

"ben varım " ifadesinin bir büyük derslerinden sizi ilahi "benliğinizi" düşünmeğe götürmektür. Aslında Allahı övmek size ilerleme izni verir.

"Allahla her şey mümkün olur". Hayalınız kendinizindir. Siz her şeyi hayal etmeğe serbestsiniz.

"ben yetenekli, cesur ve mutluyum". "değerli birisiyim ve memnuum" gibi cümlelerden çekinmeyin ve hayata geröeğiniz olmaya izin verin.

Bilinçli zihniniz gizli faktördür ve her zaman kişiseldir. Vucudunuzun bu boyutu, sizin karar verme ve seçimlerin faktörüdür ve her zaman yapacağınızdan ve kararlarınızın nasıl gönüllü eylemlerinizi etkilendiğinden haberdardır.

Fikirler "duygular" vasıtasıyla önbilinç zihninizde yerleşir.

Hiç ir fikir duyulmadan zihninizde yer edemez, ama duyulduğuda onun sonuçların kabullenmelisiniz. İyi hissler iyi olaylara neden olur ve kötü hissler kötü olaylara.

" Duygu", düşüncelerin bilinçaltına aktarıldığına neden olan tek ve tek vasıtadır.

Hayalınızda olan fikri hissetmeğe çaba gösterin. Neyi sevdiğinizi veya nereye gitmek istediğinizi

düşündüğünüzde vücudunuza gelen duygunun bu olduğunu unutmayın. Gözlerinizi kapatın ve o hissleri vucudunuzda deneyğn.
Hayal gücünüz sizin tüm istediklerinizi dikkatiniz olçusune uygun olarak yerine getirebilir.
İç hazineniz, sizin sınırsız bolluk dünyasında hayatta hissleriniz demektir. İzin vermeyin dışsal faktörler sizi "hayalınızda olanlardan" uzaklaştırsın. Her zaman "Mutluyum, zenginim, harikayım" içsel duygularıyla hayata devam edin. Hayal gücünüzün yardımıyla bilinçaltınızı içsel duygularınıza uygun deneyimleri yaratacak şekilde planlayabilirsiniz.
Bilinçaltı zihniniz, hayatınızda yaptıklarınızın yaklaşık %96'sını kontrol eder; Sanki günlük yaşamınızda yaptığınız hemen hemen her şey için otomatik bir rehber üzerindesiniz.
günün son yirmi dakikası, uykuya dalmadan önce, günün en önemli yirmi dakikasıdır eğer hayallerinizin gerçekleştiği bir hayata başlamak istiyorsanız. Günün bu kısa bölümünde, bilinçaltına hisslerini anlatmalısın ve derin bir uykudan uyandığınızda Allahın hangi istediklerinizi yerine getirmesi gerekiyor? Yatakta bu 20 dakikalık bölum,hemen bilinçaltı zihninize giriken ve yaklaşık on saatten sonra uykuya dalırken, 24 saatlik gününüzün en hayati kısmıdır.
Uykuya girmeden önce bu 20dakike, sizin bilinçaltı zihninize en son manevi desteğinizdir. Siz hayal ettiğiniz arzuyu gerçekleştirmeye hissleri yaratmakla odaklanmalısınız.

"Tüm hayallerimi gerçekleştirirsem nasıl hissedeceğim?" Sorusuna cevap vermekten gelen duygu, uyumadan önce tüm dikkatinizi meşgul etmesi ve onu dengede tutması gereken duygudur. Uykuya dalmadan önce, ne olmak istediğiniz veya sahip olmak istediğinizin farkında olmalısınız.

Şu sihirli cümleyi hatırlayın: "siz Allahtan alınıyorsunuz. O görünmez parçanız aslında Allaha ait bir zihindir; Tabii Allahı unutmadığın bir sürecte".

Eğer biliçaltı zihninizde zengin olmağa inanıyorsunuz, zengi olacaksınız. Bilinçaltı zihin sizden "mutluyum", "aşığım", "zekiyim" inancını veya ona inancınızla yaptığınız herhangi bir ifadeyi alırsa, bu sizin maddi gerçekliğiniz olacaktır.

"uyumadan önce kutsal bir yere gidiyormuş gibi kendinizi hazırlamalısınız ... Asla kafanızda olumsuz düşüncelerle uyumayın çünkü bilinçaltınıza büyük zararlar verir.

Başarısızlığı düşünürseniz mahrumiyeti kendinize çekirsiniz. Aklınızdan geçerse ya da hiçbir şey yapamam, açmaza girmişim, hayatım kontrol edilemez gibi cümleleri söylerseniz, bu düşüncelerin gücü hayalindeki rüya yaşamın aksine, sonuçta rüya bir yaşama ulaşmaya direnir. Unutmayın, mutsuzluğu düşünmek, daha fazla mahrumiyete nede olur ve bu biçimde düşünseniz varlıkta size olumsuz bir enerji gönderir ve ilerlemenize engel yaratır.

Siz olumlu fikirlerle, mutlu bir hayatı düşünmekle, fikirlerinizi yönlendiriyorsunuz öyle ki arzularınızla uygun olsun ve bununla varlıkda size yeni fırsatlar yaratır.

Bu ıpucuna dikkat edin: dünya sınırlıdır, ama zihin dğnyası sınır tanımaz ve büyük arzular dilediğinizde, rüyalarınız gerçekleşir

Neyi düşünseniz onu elde edeceksiniz. Bu yüzden hayallerinizi düşünmek daha iyidir ve zorluklarını veya imkansızlığını görmezden gelmek gerekir.

Yeterli enerji cezbetmek için rüya gücünüzü zihninizde saklayın ve onunla uygun düşünün. unutmayım bu enerjıyı almanın değeri, yalnız sizin düüşüncelerinizdir. Bu yüzden ihtiyacınız olmayan şeyi satın almak için harcamayın.

Beceri ve bilinçli çabayla boşuna uğraşmakları azaltın. Bu yüzden zihninizi rahatlatmanız gerkir. Hayatta zevk almağa daha fazla zaman ayırın ve tefekkürle yıldızlar, bulutlara, nehirlerle, sağnaka, canlılara ve doğaya bakın. Sonra rahatlıktan kaynaklanan mihribanlık enerjisini diğerlerine yayın. Önce ailenizden başlayın, çoçuklarla kargaşalaı oyuna daha fazla zaman ayırın, sözlerini dinleyin ve baze onlara hikayeler okuyun. Delice sevdiğinizle geziye çıkın ve ona içten sevdiğinizi söyleyin.

İş yerinde, toplumda hatta tanımadıklarınızla bu yöntemi uygulayın. Acele etmek yerine sıradaki yerinizi başkasına vermeğe çaba gösterin.

Sürüş sırasında sarı ışığa yetişince, hızlanmak yerine durun ve deli gibi sürüculukte vazgeçin ve iki dakike erken maksete varmağa düşünmeyin. Yolun

kalabalığında sıra sizin olduüunda da güller yüzle başka sürücülere yol verin.
Bütün bunlar, yön değiştirmenin başlangıç yollarıdır.
Huzuru kendiniz sağlayın ve hayattan zevk alın.
İnsanlar sizden çekiliyorsa fikir titreşmelerinizin korkunç ve rahatsız ettiğini bilin ve basit bir deyimle dengeniz yoktur.
Başkalarına kendi etkiniziden haerdar olmak için sizinle sadık olanlardan bir liste hazırlayın ve onlardan sizi nasıl gördüklerini sorun ve bunu kendinize olan içinizdeki yaklaşımla kıyaslayın.
Siz hiç bir yalnış yapmamışsınız, başarısız olmamışsınız ancak bir suru davranışlarınız olmüş ve bunlarda bir sonuçları ortaya çıkarmış. Soru bu değil ki nede yalnış davranmışsınız belki asıl soru şudur: bu sonuölarla ne edeceksiniz? Eğer utanç duymağı ve kendinizi suçlu hissetmeyi seçerseniz, herkesten daha zayıf olacaksınız ve hayatı bırakırsınız. Bazen de artık hayatta kalmak istemezsiniz. En iyi yol şudur: hangı durumda olursunuz olun ve hagı koşullarda şimdilik hayatınızda bir noksan yok.
Bu travmaya katlanmak ve başkalarını tacizinizle üzmek ve hayal kırıklığına uğratmak zorundaydınız. Sorunun nerde kaynaklandığını bilmek için bu kadar düşmeliydiniz. Denkleme ihtiyacınız var ve kendi düşünce gücünüzle kendinizi üstün bir makama kaldırın ve her zaman ilahi bir varlık olduğunğzğn farkında olun ve tüm hissetiğiniz zayıflıklar Allahın aşkıyla uygun değil.

Umutsuzluk ve çaresizlik durumunda, Allhtan rehberlik isteyin ve kalbinizde heyecan verici bir güç, sağlık ve huzurun akması için dua edin. Eüer ruh halınız iyş değilse acilen şu huzur yoluna dönün ve kendinizi aff edin ve yeniden hayatınızda dengeni sağlamak için Allahın aşkında kendinizi mahve edin.

Eğer mutsuzluğu ve ihtiyaçlarınızın elde edilmemesini Allahtann bilirsiniz her neyi kabul etmek için hep bahaneniz var; oysa Allah insana pek çok nimetler ihsan etmeğe fazlasıyla heveslidir.

Aslında o mutlak bir berekettir, ama insanın kendisi mutluluk yolundan çıkar.

Yoksunlukları Allahtan bilersiniz sizde bereketten yararlanmağa büyük bir direnç gücü ortaya çıkar ve varlıkta neye inanırsanız fazlasıynan size onda gönderir.

Kötü bir olayla karşılaştığınızda, siz mutsuz ve suçlu değilsiniz belki o anda fikriniz ve o olay aynı titreşme içindeymişler. Böyle düşünürsüzse, dünyanı düşüünce titreşimlerinizle uyum içine getirebilirsiniz ve sevdiğinizle uyum içinde ola bilirsiniz. Zayıf titreşimi le yüksek titreşimin yerin değiştirdikte, enerjini hereket getirip arzularınızı gerçekleştitmekte kullanabilirsiniz. Sizden düşüncenizi titreşim eksenli olduğuna dikkat etmenizi ve mutluluğa karşı mutsuzluk düşüncesini bırakmağa tevsiye ediyorom.

Aslında sizin fikirleriniz sizin varlıklarınız ve belirli bir hedefe doğru azim ve yakıcı bir tutkuyla ilerlediğinde, onları servete ya başka istediklerinize dönüştürebilirsiniz.

Eğer birisi gerçekten bir işi yapmağa hazır olursa en kısa zamanda kendini gösterir.

Başarısız olmanın en önemli nenderlerinden biri, teslim olmaktır; oda geçici bir başarısızlıka karşılaşınca. Herhangi bir kişi herhangi bir zamanda böyle bir hata yaparsa suçludur.

Başarısız oldukta yapılacak en kolay ve en mantıklı iş, teslim olmak. Çoğu insanın yaptığı tam olarak budur.

Bu ülkenin binlerce tanınmış başarılı adamı buna inanıyorlar ki yalnız en büyük başarının kaç adımlığından dönüp ve başarısızlığı kabul etmişler.

"Düşünmeye ve zengin olmaya" başladığınızda, servetin bir zihin durumuyla, kesin bir hedefle ve çok az işle başladığını göreceksiniz. Siz ve başka her bir insan bununla ilgilenmelisiniz ki nasıl bir zihin durumun elde edbilirsiniz; bir durum ki serveti çekecektir.

"Einstein" başarılı bir adamdı; Çünkü başarı ilkelerini biliyor ve uyguluyordu.

İlkelerin biri yoğu tutkudur; yani insan neyi istediğini bilmek.

Sizin hiç kimsenin bilmediği doğru titreşmeleriniz, gücleri, kişileri ve hayat konumlarını bize cezb eder; bizim eğemen fikirlerimizin mahiyetiyle uyum içinde olan güçler.

Fazla servet elde etmekten önce, zihnimizi servete yoğun tutkuya sahip olmağa çekmeliyiz. Paraya bu yoğun tutku bizi parayı elde etmek için yeni fikirler bulmağa rehberlik eder.

Başarı

Her kes her bir görevde başarılı olmak istiyorsa arkada olan köprüleri tam yıkmalı ve bütün geriçekilmek kaynakları kesmeli. Fakat böyle yaparak kazanma arzusunun zihinsel durumunu koruyabileceğine emin olabilir ; Başarı için gerekli olan koşul bu.
Ama herkesin arkanızdaki köprüleri yıkmamayı tavsiye ettiğini her zaman duymuşsunuz. Çünkü geriye dönme yolunun olduğunu düşünüyorsunuz; bu nedenle başarmak için çok uğraşmazsın.
Para onu tanıyan her insanın arzusudur. Sırf arzu servet getirmez. Serveti arman eden sonsuz bir tutkuyla onu elde etmeği düşünmektir ; bu nihayet düşünce zevkine dönüşür. Sonra planlaştırırsınız ve düşüncelerinizi toparlayıp sonra çalışmaya başlayırsınız.
Eğer bu paranı tutkuyla isterseniz ve bu sizin düşünce isteğinizdir, kendinizi o parayı elde etmek için ikna etmeğe hiç bir sorununuz olmaz.
Amaç, parayı istemek ve onu elde etmekte kararlı olmak ve bu vasıyayla kendinizi onu elde etmeğe ikna edebilirsiniz.
Yalnızca paranın "farkında olanlar ve ona bilinçli olanlar" büyük servet biriktirebilir. "Para bilinci", zihnin güçlü bir para arzusuyla dolu olduğu ve kişinin bunu kendi başına yapabileceği anlamına gelir.

Evrenin kuralları 83

Tüm büyük servet biriktirmiş olanların hepsi önce hayal, umut, arzu, yoğun tutku ve belirli planla başlamışlar. Muhtemelen sizde burada anlamışsınız ki yoğu tutku, coşku ve heyecan olmadan büyük servet biriktiremezsiniz. Aslında ona sahip olmağa inanmanız gerekir.

Hemde muhtemelen uygarlığın başlangıcından bugüne kadar her büyük ve önde gelen liderin bir hayalperest olduğunu biliyor olabilirsiniz. Çünkü o uygarlığın temelin koyanlar her zama coçkulu hayalperestler olmuşturlar; Gerçekliği fiziksel olmadan önce ruhsal zihinsel formunda görmek için içgörü ve hayal gücüne sahip olan hayalperestler. Hayal gücünüzde büyük servetler görmezseniz, onları banka bakiyenizde asla göremezsiniz.

Serveti elde etmeği planlarken kimsenin sizi etkilemesine ve hayallerinizi küçümsemesine izin vermeyin.

Yapmak istediğiniz şey doğruysa ve buna inanıyorsanız, devam edin! Rüyanızı başkalarına açıkça gösterin ve eğer geçici bir başarısızlığınız varsa, "onların" ne dediği önemli değil. Belki de "onlar" her başarısızlığın beraberinde eşdeğer başarının tohumunu getirdiğini bilmiyorlar.

Thomas Edison, elektrikle çalışabilen bir lamba hayal etti. Durduğu yerden hayalini gerçekleştirmeye başladı. On binden fazla yenilgiye uğramasına rağmen, onu fiziksel bir gerçeklik haline getirmek için hala bu rüyanın yanında duruyordu. Gerçek hayalperestler asla pes etmezler.

siz hüsrana uğramışsınız ve kiriz surecinde yenilmişsiniz ve tahkir olma ve küçümsenme hissi geçirmişsiniz. Cesur olun; Çünkü bu deneyimler yarattığınız manevi materyali ayarlamışlar.

Hayatta başarılı olan herkes kötü bir başlangıç yapar ve hedefine "ulaşmadan" önce birçok üzücü çabadan geçer.

Başarılı olanların hayatlarındaki dönüm noktası genellikle kriz zamanında gelir.

Bir şeyi arzulamak onu almaya hazır olmaktan çok farklıdır.

Başarabileceğine inanıncaya kadar kimse bir şeye hazır değildir. Zihin durumuna inanmak gerekiyor; ne fakat umut ve arzu etmek. İnançda aynı zamanda büyük bir algılama gücü gerektirir. Kapalı bir zihin ve dar görüşlülük, cesaret ve inanca ilham veremez.

Odaklanmak için basit yöntemler kullanın; öyle ki asla zor şeylere inanmamıştır; İmkansız denen bir kelimeyi tanımayan ve başarısızlık denen bir gerçeği kabul etmeyen bir zihin oluşturun.

İnanç

İnanç, zihnin ana büyücüsüdür. İnanç düşünce titreşimiyle birleşirse bilinçaltı zihin derhal titreşimi alır Onu manevi karşılığına döndürür ve onu sonsuz zekaya aktarır; İbadet için olduğu gibi.

Yoğun tutkuyu fiziksel veya parasal eşdeğerine dönüştüren ilke, inanç ilkesidir. İnanç, kendini indüksiyon ilkesi yoluyla bilinçaltı zihne onaylama veya ardışık talimatlarla indüklenebilen veya yaratılabilen bir zihin durumudur.

İnsanın inancını hangi yolla geliştirdiğini tevsif etmek son derece zordur. Bu yöntem şimdi yoktur. Aslında kırmızı boyanı onu hiç zaman görmeyen bir köre tevsif etmek gibidir.

İnanç, gönüllü olarak Allaha inandıktan sonra elde edilen bir kalp kesinliğidir.

Bilinçaltı zihninize verilen emirleri tekrar eden bir şekilde vurgulamak, gönüllü olarak bir inanç duygusu geliştirmenin bilinen tek yoludur.

"Sürekli olarak bilinçaltına giren her düşünceyi, sonunda zihn kabul eder ve uygular ve bu düşünceyi mevcut en pratik prosedürle fiziksel eşdeğerine dönüştürecek kadar ileri gider».

İnancınız, bilinçaltı zihninizin eylemini belirleyen faktördür. Kendinize hoşgörü ile bilinçaltına talimatlar verdiğinde, hiçbir şey seni bu zihni "kandırmaktan" alıkoyamaz.

Zihninizi yöneten güçler olarak olumlu hissleri teşvik etmenin ve olumsuz hissleri zayıflatıp ortadan kaldırmanın neden önemli olduğunu anlamak için bu gerçeği farketmelisiniz. Olumlu hissler eğemenliğinde olan bir zihin, inanç zihni durumuna iyi bir yerdir.

Bu bir yaygın gerçektir, her kes neyi kendine tekrarlarsa doğru ya gerçek sonunda ona inanır. Eğer birisi bir yalanı defalarca tekrarlasa sonunda onu bir gerçek olarak kabul eder. Nihayet gerçek olmağına inanır.

Şimdi önemli bir gerçekte bir vasıf zihinde oluşuyor ö o bu ki hisslerle birleşen düşünceler bir "Manyetik" gücü oluşturur ve bu manyetik güc benzer ve ilgili olan başka düşünceleri etraf titreşimlerden çeker; bu nedenle hisslerle "Manyetikleşmiş" bir düşünce, verimli bir zeminde ekilmiş bir tohumla kıyaslanabilir, bu tohum filizlenir, büyür ve bir çok kez çoğalır; Bu şekilde, küçük bir ana tohum aynı türden milyonlarca tohuma dönüşebilir.

Biz günlük çevremizin motivasyonlari ile seçtiğimiz ve kaydettiğimiz zihinsel titreşimler nedeniyle gerçekte olduğumuz kişiyiz. Herhangi bir uğursuz ve talihsiz ortamın etkilerini bırakmaya ve hayatınızı yeniden inşa etmeye karar verin.

Siz zihinsel varlıklar ve yükümlülükler listenize bakarak, en büyük zayıflığınızın özgüven eksikliği olduğunu anlayacaksınız. Bu kusur ve yetersizliğin üstesinden gelmek olur ve bu isteksizliği kendi kendine telkin ilkesi yardımıyla cesarete dönüştürmek olabilir.

Başarısız olduğunuzu düşünüyorsanız, başarısız olacaksınız.

Cesaretin olmadığını düşünüyorsaniz, yani ki yoktur.

Kaybedeceğinizi düşünüyorsanız kaybedeceksiniz.

Diğerlerinden daha iyi olduğunuzu düşünüyorsanız, yani ki öylesininiz.

Bu nedenle ("parasal bilinç" geliştirmeye çalıştığınız) empatik ifadeyi yüksek sesle okurken, bu cümleleri tek başına okumanın işe yaramayacağını unutmayın; meğerki duygu ve heyecanı sözlerinizle birleştiresiniz.
Eğer milyon defa mutluluk hissi olmadan söyleyesiniz "her gün daha iyiye gidiyorum", istediğiniz sonucu varamayacaaksınız.
Biliçaltı zihniniz, hiss ve heyecanla birleşen düşünceleri belirler ve buna göre hareket eder.
Basit ve duygudan yoksun kelimeler, bilinçaltını etkileyemez.
Hizmetlerinizi veya ürünlerinizi beklenen para ile değiştirmek için belirli bir plan veya program beklemeyin; tersine, aniden kendinizi o paranın sahibi olarak bulun.
Ayrıca bilinçaltı zihninizin size gereken plan veya planları vermesini iddia ve tahmin edin.
Bilim pratik planlarla organize edilmediğine kadar ve akıllıca belirli amaca yani para biriktirmeye yönlenmeyene kadar, para çekemeyecek.
Bu gerçeğin farkına varmamak, milyonlarca "Bilim güçtür" ibaresine inanan insana, şaşkınlık kaynağı olmuştur. Fakat onlar inandığı gibi değil. Bilim fakat potansiyel güçtür ve ancak belirli pratik planlarda organize edildiğinde ve belirli bir hedefe yönlendirildiğinde güç haline gelir.
Büyük serveti biriktirmek güce ihtiyaç gerektirir ve güc profesyonel bilimle elde edilir; bir bilim ki tamamen organize olmuş ve akıllıca yönlendirilmiş;

Ancak bu bilginin, bu serveti biriktirmiş biriyle paylaşılması gerekmez.
İnsanlarla ilgili en tuhaf konulardan biri, yalnızca bedeli olan bir durumun değerini bilmesidir.
Bilginin nasıl elde edileceğini bilmek değerlidir! Sırf üniversiteyi bitirdiği için okumayı ve öğrenmeyi bırakan biri, her zaman mutsuzluğa mahkumdur ve sirada biri ve düşük yetenekli biri olarak kalacaktır.
Hangi mesleğe sahip olduğunuz önemli değil. Başarıya giden yol, sürekli bilim ve bilgi arayışının yoludur.
Eğer sizin hayal gücünüz varsa, bu bölüm, istediğiniz serveti biriktirmek için size yeterli fikir verebilir.
Unutmayın nna konunun düşünce ve fikirdir. Profesyonel bilim her köşede bulunabilir.

yaratıcı zihin
aslında hayal gücü yeni insanın tüm planlarının yapılacağı bir fabrikadır. Hayal gücü yardımıyla şekile, durum ve eylem yoğun tutkuya veriliyor. Böyle denilir : insan neye hayal etse onu yapabilir.
Eğer sıkı çalışmanın ve dürüstlüğün tek başına zenginlik getireceğine inananlardan biriyseniz, zihninizi boşaltın; Doğru değil! servet büyük miktarlarda geldiğinde, asla sıkı çalışmanın sonucu değildir.eğer belirli taleplere yanıt olarak bir servet ele gelirse,belirli ilkeler uygulamakla gelir; Şans ya olasılıkla yok. Genellikle, uygulamayı tahrik eden hayal gücüne müracaat bir düşüncedir. Tüm yetenekli ve

başarılı satıcılar ürünü satamayabileceklerini bilir; Ama sonunda fikri bir yere satacaklarını bilerler.

Adi satıcılar bunu bilmiyor; Bu yüzden "adi" oluyorlar.

"Başarı açıklama gerektirmez ve başarısızlık hiçbir mazereti kabul etmez.

Hiçbir insam şimdiye kadar mecbur olmamış; meğer ki kendisi zihninde teslim ola. Bu gerçek defalarca tekrarlanır; çünkü insanın ilk başarısızlık belirtisiyle "tamamen yenilmesi" çok kolaydır.

"İradessiz biri asla kazanmaz ve kazanan asla teslim olmaz»

Götürün şu cümleye büyük harflarla Bir parça kağıt üzerinde yazın ve bir yere koyun ki her akşam yatmadan önce ve har sabah işe gitmedem önce görebilesiniz.

Bu, yüzeysel bir bilgiye sahip olan ve başkalarını sanki yüksek bilgiye sahiplermiş gibi etkilemeğe çaba gösterenlerin bir özelliğidir. Bu tür insanlar genellikle çok konuşur ve çok az dinlerler. eğer acil irade ve karar alma alışkanlığını elde etmek istiyorsanız, gözlerinizi ve kulaklarınızı açık ve ağzınızı kapalı tutmalısınız. Çok konuşanlar az iş yapabilir.

Eğer siz dinlemekte çok konuşuyorsanız, sadece kendinizi fazla bilim elde etmekden yoksun etmiyorsunuz belki amaçlarınızı ve planlarınızı birilerine ifşa ediyorsunuz ki sizin başarısız olmanızdan çok zevk alırlar; çünkü sizi kıskanıyorlar.

Ayrıca, şunu unutmayın her zaman bir bilim adamının yanında ağzınızı açtığınızda, ona tam bilgi miktarınızı veya eksikliğini gösteriyorsunuz. Gerçek bilgi ve zeka genellikle sessizlik ve alçakgönüllülükle kendini gösterir.

Siz zengin olmalısınız çünkü yoksul olmağa izniniz yok. Yaşamak ve zengin olmamak talihsizliktir ve çift mutsuzluk bu ki fakir olduğunuz kadar zenginde olabilirdiniz. Şerfli yollarla zengin olmak bizim tartışmasız görevimizdir ve elbet şerefli yol hızla bizi servete aparan tek yoldur.

Fakir olursanız mutluluk hissi duyamazsınız. Ayrıca fakir olmanıza gerek yok. Yoksulluk suçtur. Yoksulluk insanın Allahın sonsuz nimetleri karşısında kör olmağından kaynaklanır. Yoksulluk kirli, rahatsız edici ve aşağlayıcı bir deneyimdir. Aslında yoksulluk bir tür hastalıktır ve şiddetli durumlarda aptallığın işaretidir.

Yoksulluk hapislerin hırsızlardan ve suçlulardan dolmasının nedenidir. Yoksulluk, insanları uyuşturucuya, yolsuzluğa, fuhuşa ve intihara götürür. Masum, zekalı ve yetenekli çoçuklardan, suçlu ve mücrim yapar. İnsanları bir işler yapmağa mecbur eder ki yoksul olmasaydılar zihinlerine bile gelmezdi. Yoksulluk mevcut savaşların sonucudur.

Çoğu devletlerin bazi işleri yapması ekonomık nedenlerdendir ve bu düzeni mali güvenlik için bir çozüm olarak görmüşler.

Günah, sonsuz yoksulluğun yüküdür.

Yoksullukla başa çıkmak veya onu kalıcı bir durum olarak kabul etmek için hiçbir bahane kabul etmeyin. Sirf bunun için ki çoğu iyi işler yapabilirsiniz zengin olmak istemeyin. Zengin olmağınnızın temel nedeni bu olmalı ki sırf zengin olmak istiyorsunuz. Allahtan size yaratma gücü verilme nedeniyle, zenginlik sizin hakkınız ve Allahın mirasıdır. Maevi hayatınızdan zenginliği ayrı yuymanın bir nedeni yok. İki dünyada yaşamak zorunda değilsiniz. Haftada altı gün koşun ve yedinci günde Allaha neler yapabileceğini göstermesi için bir şans verin. Haftanı her gününde ve her an, Allahı bir şefkatlı ve zengin baba gibi görün, sizin durumunuzu biliyor ve hisslerinizi duyuyor ve tüm işlerinizle ilgilenir ve hayatınızın her bölümüne dikkat edir. Tüm işlerinizde- mali olursa ya başka işler- onun rehberliğini arayın ve onun ilahi emrini talep edin. O zaman hayatınızın tüm boyutlarının iyi gidişinden şaşıp kalacaksınız.

İlahi vaat şudur: "Her şey sizin."

zengin olmaınızın Allahın isteği olduğunu ne zaman farketdinizse ve onun sizin servetinizin kaynağı olduğunu anladığınızda, para düşkünü olmayacaksınız ve servetinizden bir put yapmayacaksınız. Siz sırf tüm nnimetler ve bereketler kaynağından kendi sonsuz ve zengin mirasınızı talep ediyorsanız.

Servet, zengilik ve varılık kelimesi muhteşem hayat demektir; ve bu, düşünürün onu elde etmeğine çaba göstermek gereken şey ve onu kendi manevi hakkı bilmelidir.

Eğer Allahı tüm bereketler ve servetler kaynağı bilerseniz ve birer birer mali işlerinizin ayrıntılarına ona gözünüzü dikerseniz, yaşamınızı tüm boyutları dengelenir. O zaman, finansal acil durumları görmeyeceğiniz ve ani göksel yardımlara ihtiyaç duymuyacaksınız. Şaşırtıcı bu ki her ne kadar Allahı rızk kaynağı olarak kabul ediyorsunuzsa, mali durumunuz iyiye gider ve ihtiyaçlarınız gideren öz her zaman sizinle olur. Her zaman derhal Allahı bereketlerin sürekli kaynağı bildiniz ve Allahtan rızkınızı talep ettiniz size yardımcı olacak.

Her zaman Allahın bütün bereketlerin kaynağı olduğunu bilin. O zaman onunla ve sizin tanımanızı ve onayınızı bekleyen zengin mahiyeti ve hedeflerile maevi temas kurun ve böyle söyleyin: Allah beni sevir, şimdi onun tüm değerli mevhibetlerini ve bağışlarını kabul ediyorom. Nasip almağım Allahın takdiridir; Allahın bu nimetleri tezlikle bene verilecek.

Şunu fark etmek ki her şeyi önce zihninizde yapabilirsiniz ve zihniniz ilahi gücünüzdür ve onun vasıtasıyla her iyi yönde olan işi yapabilirsiniz inanılmazdır.

Her şeyin önce zihinde yapılabilmesinin nedeni, zihnin somut dünya ile soyut dünya arasındaki bağlantı olmasıdır.

Hepimiz bir manyetik gibiyiz ve manyetik olarak, kendinizi başarılı olmaya zorlamanıza gerek yok. Sıkıntı ve baskı, eleştiri, endişe, depresyon ve affetme eksikliği ve her türlü sefaleti, belayı ve başarısızlığı cezb eden bir sahiplenme duygusu içinde dolaşmak yerine, o neşeli zihinsel konuma ve zengin olma ümit ve beklentisine sahip olabilirsiniz. Bu da dünyanın tüm güzel armağanlarını hızla size çekebilir.

Burada size şu anda hayatınızda ihtiyacınız olan her armağan için size daha da fazla kazandırabilecek "affetme" tekniklerinden birini öğretiyorum.

Her gün bir saat sessiz bir mekenda oturun ve size zulmedenleri ve ya onlara karşı hoş olmayan hissler duduklarınızı, affedin. Birini adaletsizce suçladıysanız, birisiyle sert bir şekilde konuştuysanız, birini eleştirdiyseniz veya iftira ettiyseniz, işiniz biriyle hukuki bir anlaşmazlığa yol açtıysa, zihinsel olarak onlardan af dileyin. Onların bilinçaltı zihni sizin mesajınızı alır ve olumlu yanıt verir. Eğer kendinizide başarısız olmakla veya hata yapmakla suçlandıysanız, kendinizide affedin. Bağışlama ve aff sizi rahatlatabilir; ve servete ve başarıya giden yolu açabilir. Başkalrını affetmek için zihninizde tekrar edin:

Allahın bağışlayıcı sevgisi bizi özgür kıldı. İlahi aşk şimdi güzel ve mükemmel meyveler üretiyor ve aramızda bir kez daha barış ve huzur kurulacak. Allahı daha iyi bir vizyonla görüyorum ve onu her kesten merhametli olarak görüyorum.

Zengin olmağınız için tekrar edin:

"Ben yalnızca Allahın affı, lütfu ve merhametinin sığınağındayım".

Sorunlarınızdan birinin nasıl ve ne şekilde çözülmesini düşünüyormsunuz? Eğer böyle bür durumdasınız, boşverin; serbest bırakın; kurtarın; bir şeyden el

çekmelisiniz veya kimseni bırakmalısınız. Uğraşdığınız durum veya insanlar hakkında surekli kalbinizde tekrarlayın: "ben serbestim. her şeyi Allaha bırakmak için her şeyden vazgeçiyorum". Böşvermekte korkmayın, böşvermekle hiç bir şeyi kayb etmiyorsunuz.
Maneveyette böşverme ve bırakma var ama yoksunluk ve kaybetme yoktur. Kendinizin ve başkalrının mevhibetleri serbesce dolaşmak için ve size gelmek için böşverin. Böşverme, mevhibetlerin cazibe gücünü daha fazla artırır.
Hepimiz mali durumumuzun iyileşmesini istiyoruz. Üstelik servet bizim doğal hakkımızdır. Ele geçirme yolu şudur: **hiç bir zaman parasızlıktan ve yoksullukta söz etmeyin**. Bunun yerine, surekli her yerde olan ve her yerde buluna evren zenginliğini düşünün. Sonra bırakmayı; Vazgeçmeği; hediye vermeği öğrenin; Bu şekilde dua ettiğiniz veya arzuladığınız şeylere yer açırsınız. Eski fikirleri, eğilimleri, nesneleri ve mülkleri yaşam alanınızdan attığınızda veya çıkardığınızda ve bunun yerine yeni zenginlik, başarı ve ilerleme için yeni fikirler ve idealler gösterdiğinizde, durumunuz gün geçtikçe daha iyi hale geliyor. Her zaman daha iyi bir şey istersiniz.
Bu, ilerlemenin gereğidir. Tıpkı çocukların kıyafetleri gibi nasıl büyüdükçe onlara küçük gelir, sizde hayatınızın ufuklarını genişletiğinizde, geçmiş idealler size küçülmüşler.

Çoğu insanlar dışsal yollarla serveti elde etmek için uğraşıyorlar ve amaçlarına varamıyorlar çünkü kendi düşünceleriyle baş etmekten korkuyorlar ve bu vasıtayla belirli amaçlarına ulaşalar. İyi bir hayat ve fazla para istiyorlar ama **nasıl** iyi yaşayabileceklerini **ne kadar paraya ihtiyaçları olduklarını bilmezler.**
Çoğu insanlar katı olmaktan korkuyor böyle düşünüyorlar ki böylelikle Allahı görevlendiriyorlar. "Size doğru bir güçlü ve gerçek arzu geldiğinde, kapınızı çalan ve size daha büyük bir nimet vermek isteyen Allahın elidir". Bu arzuları bastırır ve yapıcı bir şekilde ifade edilmesine izin vermezseniz, genellikle yoldan saparlar ve yıkıcı bir şekilde veya sinirsel eğilimler, baskılar, korkular, bağımlılıklar, akıl hastalıkları, cinsel dengesizlikler veya diğer olumsuz eylemler şeklinde tezahür ederler.

Allahın vaadi şudur:
"Sana cevap verceğim için beni ara"
Kendi arzularını düşünmek ve onlar yapıcı bir ifadeyle yazmak yoluyla, onlara kavuşmak için zama belirleme, ve arzuları muhakkak etmek için dua etmek, şaşırtıcı bir yetkiye sahiptir. Saf görünebilir ama genellikle muazzam gerçekler ve güçlü sırlar, basittir. O kadar basit ki adi bir insan zor bir yol bulmakla uğraşırken onu görmezden gelir.
Her alanda iyiden iyi olmak marhemetli Allahın size takdiri ve isteğidir. "çünkü her şetin mülkü Allahın elinde ". bu mülkü denemeğe Allahın yardımına

talipsenizse en az kendinizle ve Allahınızla sadık olmalısınız. Bu olmadan her başarıya yolu kapatırsınız. Faturaları ve fişleri ödemede özellikle yararlı olan daha bir diğer teknik, kalbinizde nefret ve tiksinti hissetmek yerine zarflarına yazmaktır: "hizmetlerinizi bize sağladığınız için teşekkür ederiz".
Daha muazzam mevhibetler ekliyorsanız, zihninizde onların zihni hayallerin kurmalısınız. Muhtemeleln mantık bu olmaz diyecek, ufak bir önemde vermeyin. Muhtemel irade gücünüz bü rüyanın muhakkak olmaktan daha üyük olduğun söyler. Cesurca kendi hayalinize yapışırsanız, arzunuzu muhakkak eder. Bu uygulamayı devam ederek,irade gücününde işbirliğini elde edeceksiniz. Her neyein özlemin ve beklentisin zihninize öğretirseniz onu size yaraacak ve gösterecek. Aslında, her zaman kendi hayal gücünüzü kullanmakla uğraşıyorsunuz ama muhtemel onu hep yoksulluğa, uğursuzluğa ve sevmediğiniz şeylere, kullanırdınız. Her zaman dinç bir köşede oturuyorsunuz, para cuzdanınızı ve çek defterinizi elinize alın ve gözlerinizi kapatın ve para cuzdanınızı büyük rakamlı kağıt paralarla dolu farz edin. Tasarruf hesabınızı çok büyük rakamlarla görün. Kendi hayalıızdan yararlanın. **Hayal** gücü ve **hayal**... kendi hayalınızda tüm denemek istediğiniz iyilikleri ve mevhibetleri görün.

Vurgu cümlelelri
Bu günler sürekli kendileri bir tür emir olan "vurgulu cümleleri", duyuroz. Çoğu "vurgulu cümleleri"in

gündelik uygulamasını yuksek ve ya zayıf sesle içte, emir kuralının uyandırmasının e basit yolu olmağını isbatlamış... aslında da "vurgulu cümleleri" istediğinizi elde etmek için o kadar kolay yol ki çoğü insanlar ona güvenemez ve daha karmaşık bir yol peşindeler.

"vurgulu cümleleri" ifadesiyle istediğiniz mevhibeti şiddetle talep ettiğinizde, istemediğinizler düşünmüyorsunuz ve bu nedenle zihninizde yeni bir sureç uyguluyorsunuz ve bu şiddetle geniş bir ortamda yayılır ve mali boyutta istediğinizi tezahür ettirir. Her ne kadar şiddetle isteğinizi ele getirirsiniz daha hızlı elde edebileceksiniz.

Hiç bir zaman sözün etkisini küçümsemeyin. Sözleriniz dünyanızı kurar.

Yüzler vurgu ifadeleri var onlarda yararlanmakla kendi istediğiniz mevhibete tezahür etmek imkanı sağlarsınız. Onları kullanmakta tereddüt etmemelisiniz. Mesela eğer yeterli geliriniz yoksa yada para cuzdanınız boş görünüyorsa, onu iki elinizin arasında tutun ve dinç bir köşede, kaç defa yüksek sesle böyle söyleyin:

"ben sene bereket diliyorom ve şimdi sene Allahtan olan içindeki zengilik nedeniyle teşekkür ederim".

Biz sitemizde hem sesli video hemde pdf olarak en mükemmel vurgu ifadelerini hazır etmişiz. Bizim sitemize başvurup bunları elde edeb her gün dinleyebilirsiniz.

Site adersimiz: www.moghadasii.com

zevkle yemek yediğinizde, kendi yemeğinize ve sofranınıza bereket dileyin ve şükran edin. Elbise giydiğinizde neşe ve sevinçle giyin.

Mühtemel beni vurgu cümlesi kullanmakta aşiri bilsinler çünkü evimin her köşesinde bir vurgu cümlesi bulmak olur ve yapıştırıcıyla evin nesnelerine yapıştırmışım. Be şü cümlenin gücünün farkındayım.

Sağlık, gençlik ve güzellikle ilgili vurgu cümlelerini aynaya yapıştırmışım. Ekmek kasesine yapıştırdığım cümle şu: "Hayatımda sürekli olarak tezahür eden nimetler için Allaha şükrediyorum. Allahın sonsuz bereketinin şurada ve şimdi tezahür etmesinden, şükran ediyorom".

Hayatımda anlamsız olanları önlemek için bu cümleyi yazmışım: "şu anda hayatımda ilahi düzen kurulmuştur.

Günün başlanması size işleriniz iyice yönetmeğinizde yardım eden vurgu cümlelerin tekrarlanmasıyla çok güzel. Ben bu cümleye tavsiye ederim: "Övgü ile, Allahın sonsuz zenginliklerini önceden gönderiyorum ki, bu günde Allahımın rehberliğine, desteğine ve himayesine sahip olabileyim. İhtiyacım olan her şey artık mevcut.

Zenginlik yaratan düşüncelerin otoritesinin farkında olmak tek başına işe yaramaz. Harekete geçirilmesi gerekir. Vurgu cümlelerinin her gün yüksek sesle tekrarlanması bu programın bir parçasıdır.

Yok kuralı yerine ne güzel olur her zaman var kuralın kullanmak.

Çoğu zaman insanlar diğerlerini eliştirinde, küçümsüyende Bunu fark etmiyorlar ki zihin yanıtı kuralana uygun, aynı özellikleri davet edib ve onu kendi hayatlarına sokuyorlar. Hiç bir zaman kendi vakıtınızı- ya kendinizle ilgili yada başkalarıla- azaltma düşüncesine sarf etmeyin. Bunu katien bilmelisiz ki diş aleme ne gönderiyorsanızsa onun kaç beraberi kendinize döner ve hayatınızda benzer uygulamaları icat eder.

Kendinizede çoğalma düşüncesiyle dolu olun. Güne be gün başarılı olduğunuzu hiss edin ve başkalrına da daha başarılı olmakta yardım edin.

Her işiniz ve konuşma tununuz ve her bakışınız, sizin iç huzurunuzu, başarılı olmak nedeniyle, yansıtmalıdır. Zihniniz zenginlikle dolu olduğunda, başkalarını kendi mutluluğunuza inandırmağa gerek yok; çünkü mutluluk vucudunuzdan yayılır ve her kes farkında olmadan onu duyacaktır.

Çoşkuyla sizinen ilişkiye ve arkadaşlığa girerler ;çünkü zanginlik, mutluluk ve servet vucudnuzdan akışıyor ve bu onları cezb eder.

Yeter ki mutluluk, zenginlik ve talihli olmak hissini kendinizde icat edesiniz ve bu nedenle düşünce sahibi insanlar, şimdiye kadar buluşmadığınız insanlar, size müşteri, dost ve başvuranlardan olsunlar.

Hızla büyüyen işletmeler ve sonsuz kazaçlar getirenler bu kategoriye girierler. Zihninizde başkalarına, çokluk ve bolluk düşüncesi bahşettiüğinizde ve huzurunuzun ve sukünetinizin derinliğinde bu hayala meşgul olduğunuzda, diğerleri size cezb olurlar ve ansızın sizi zengin ederler.

Cesur olun ve her yolla çokluk ve bolluk kuralını büyük ya kiçik boyutta uyandırın.

Tüm zenginliklerin kaynaklandığı manevi öz asla tükenmez. Her zaman sizinle ve inamınıza, dileğinize ve eklentinize olumlu bir yanıt verir. Zor durumda ona göre cahilce konuşmamız kendimizi etkiler ama onu etkilemez, çünkü bizi tezahür ettiren güc, düşüncelerimiz ve sözümüzün etkisi altındadır. İnamınızı canlı sözünü her yere yayın bu nedenle dünyanın tüm bankalalrı kapalı olsada siz zengin olabilirsiniz. Zihninizin muazzam enerjisini "bolluğa" geri dönderin, bu nedenle etrafınızdakıların ne dedikleri ve ne yaptıklarına rağmen, zenginlik bol bol sizin emrinizde olsun.

Düşüncelerinizin,hisslerinizin, ilişkilerinizin ve eylemlerinizin servete odaklandığında, başarısızlığa ve yoksulluğa yok, varlığınızın özünü biriktirin ve iyice kullanın. Düşüncen,z,n ve sözlerinizin zenginlikle dolu olduğuna izin verin. Zenginliği bekleyin. Sürekli kendinize dağınık ve haylaz düşüncelerin, sözlerin ve arzuların dağınık ve haylaz ve yoksulluk dolu sonuçlara neden olduğunu hatırlatın. kendi zenginlik hayellerinizi mutluluk yıldızına odaklandırın ve orada saklayın.

Eğer serveti elde etmeğe çaba gösterdiğinizde cesaretsizlik tasasıyla üzleşdiğinizde, beyhude ve faydasız olduğunu geçmiş inancınıza göre hatırlayın.

İşleri yüzeysel olarak göz ardı etmek ve zengince düşünmek çok değerlidir çünkü zenginliğe neden olur.

Cesaretnizi kırmamğı öğrenin. Eğer bir turlu işler siz istediğiniz zaman ve ya siz istediğiniz gibi olmadı, buna yenilgi demeyin. Onu almadığınızı nedeni daha önemlisinin olacağı demek ve uygun zamanda görünecek. Başarısızlık hissettiğinizde, unutmayın ki nedeni arzularınızın yeterince büyük olmamasıdır. Zihninizde hayal etmediğiniz yanıtı görmek için arzunuzu daha büyük tutun. Bşarısızlık büyük boyutta size gelmek isteyen başarı demektir. Çoğu başarısızlık görünen aslında başarıya giden yolun temel atmağı(altyapısı) demektir.

Kendinizi diğerlerinin mutluluk hasretini çekme hakaretinden kurtarın ve sürekli yüksek ve zayıf sesle şöyle söyleyin: "Başkalarının zenginliğini özlemiyorum. Allaha dönüyorum. Onun rehberliğini arıyorum ve zengin oluyorum. evrende herkes için sonsuz mutluluk ve zenginlik vardır".

Zenginliğin altın kuralı şudur ki hiç bir zaman başkalarının mali işleriyle ilgili kendinize istemiyen bir şeyi ne diyeceksiniz ve ne düşüneceksiniz.

Bu vurgu ibaresini de sürekli tekrar edin: " tüm kapılar tüm dünya servetlerinin bene gelmesine açık. Tüm yollar sonsuz bolluğun beni karşılamasına hemen açık ve serbesttir". O zaman sevinçle onu bekleyin ve size gelmeğine izin verin.

Paraya göre başka bir ipucu şudur: paraya ya da mali durumun iyileşmeğine dua etmekten çekinmeyin.

Evrenin kuralları

Eüer mali ihtiyacınız varsa, tüm cesaretle onun giderilmesine dua edin ve marhemetli Allahtan ihtiyacınızı tamamen ve mühteşem şekilde gidermesine, yardım isteyin. İçiniz değişmeden, dişarda bir şeylerin değişimini göremezsiniz çünkü zihnin iç işlemleri, hayatımızın tüm dış deneylerini kontrol ediyor. Eğer başarısızlık, mali sorunlar ve ya perişanlık ve işten tatminsizlik içinde kıskancdanızsa, bu durumların hiçbiri sizi çoşkuyla servete ve onu elde etmekten ve nimetleri elde etmek için ve hayallar için engel olmağa gereği yok. İhtiyaçlarınızın giderilmesi için gidemeli olarak **sonsuz ilim** den rehberlik isterseniz, hiç bir şey zihni olarak amacınıza ilerlemeye engel olamaz.

Cesaret edib de kendi zihninizin mimarı olun ve çabukca daha büyük nimetler hayali kurmağa başlayın. Gündelik işlerinizi yaptığınızda, daha büyük mevhibetler hayalile zevk alın. Sınırsız servetinizi cesurca arayın ve görün. Şu anda sizde ve etrafınızda ne geçtiğini önemsemeyin. Vurguyla söyleyin: "Allahım, bu ya daha iyi bir hediye senin güzel ve yüce iradenle gerçekleüir" .

O zaman hatırlayın kavgayla kendi kötü durumunuzu iyileştiremesiniz. Başkalarını suçlamak ve onları keni cesaretsiliğinizde ve başarısızlıkta sorumlu tutmak da durumunuzu iyileştirmez. Şimdiki durumunuza dayanaklı olun ve iyileşmeye doğru dönüşümün önceden başladığını bilin. Her şeyin durduğunu ve hareket etmediğini hissettiğinizde, tüm evrenin sürekli

hareket halinde olduğunu, yaşadığımızı ve hareket ettiğimizi ve beş duyumuzla hissedemesek bile varlığımızın dolaşmasını hatırlayın.
Hiç bir şey hareketten durmaz. Görünüşüne rağmen her şey sürekli değişiyor. İyi değişikler beklerseniz mutlaka karşılayacaksınız.
Mümkün olan kadar kendinizi servet ve nimetler bolluğu ortamında tutun ve başarılı insanlara olun. Kendinizi kandırdığınızda ki büyük bir servetiniz ola bilir ama şimdilik ondan bir belirti yok,şehirinizin bankalarına gidip ve çoklu başarılı insanı elde çoğu parayla görebilirsiniz. Şimdi güzel ve şahane ortamları, yeni ve görkemli binaları ve hoş ve sevimli mağazaları ziyaret etme zamanı. Şehirinizin zengin mahallelerine ya da Allahın ve insanın zenginliklerinin görülebileceği çok güzel ve görkemli yaylalra gidin.
Cesaret edin ve yoksulluğa saplanan herkesten farklı olmağı başarın. Onlar gibi düşünmeyin, onlar gibi yapmayın, onlar gibi tepki vermeyin ; Tabii onlar gibi alt katta kalmak istemiyorsan. O yukarlarde, kendilerini yaygın saldırgan düşüncelerden, kıskançlıktan, hakaretten ve eliştirilerden kurtaran insanlara yeterince yer vardır.
Önemli değil diğerleri ne yapır, siz onlara bereket,h,maye ve mutluluk dileyin ve yapıcı ve değerli eğilimlerinizi onlara bahş edin.
Şimdiyedek başarısız olduğunuz muhtemelen işleri yalnız yapmağınız inancınızdan kaynaklanır, bu nedenle yenilgiyi başarıdan daha kolay biliyorsunuz.

Bu ara birinin başarılıl olmasından sordum böyle söyledi: Allahaı hayatınıza ortak tutun ve ne edebileceğini göreceksiniz.
Bir gün Allahla ortak olmağa karar verdim. Onun rehberliği her gün zanginliğimi artırdı. Günümü belirli ve açık rehberlik talebiyle tüm projelerime ve planlarımı başlıyorom ve sona erdiriyorom.
Arzularıma ve istediklerime kavuşmak için de açık ve belirli rehberlik talep ediyorom. Rehberlikte her zaman oluşur.
Bu ara birisi bana sordu: "Tüm bu beklentileri gerçekten nasıl karşılayabilirsiniz"? ona dediğimde ki:
"çok kolay. Allah benim ortağım ve arkadaşımdır ve tüm zorlulukları, sorunları, baskıları ve zor kararları ona bırakıyorom". Şaşkınlıkla bana sordu: " bu mümkünmü? Gerçekten olurmu büyük mali işleri Allaha bırakmak?" böyle cevap verdim: "bana bak, eğer sen Allaha mutlak güce ve mutlak alime ki tüm evreni yönetmekten sorumlu, güvenmiyorsansa kime güvenebilirsin? "
Hakiketende Allah nsanın zihnine gelmediği bir yerden ona kapı açır.
Beslemeye başlamanın ve finansal bağımsızlık ve keyifli deneyimler beklemeye başlamanın en iyi yollarından biri günlük, haftalık veya aylık ölçektir.
Zihine kısa vadeli ve acil sonuçlar yaratmak kolaydır. Örneğin gününüzü- yataaktan kalkmadan bile- aynı güne zenginlik ve bolluk talebiyle başlayın. Gününüzün zenginlik düşüncesiyle başlamasınave

sona ermeşne izin verin. Uykudan uyandıkta ve yeni güne ruhsal olarak kendinizi hazırladığınızda, ya kavealtı çayını ya kahvesini içerken, bir kaç defa yazın yada yüksek sesle yada susgunca vurguyla böyle söyleyin: "Her gün, her yönde, hayatımda ve işlerimde Allahın mucizelerini bekliyorum. Özellikle bugün birçok nimeti bekliyorum ve tüm bu nimetler için teşekkür ediyorum".

dua
dua her şeyi değiştirebilir. Dua, işlerin alt üst olmasına ve istediğiniz gibi gitmesine neden olur. Hangi bir sorun vardıysa fark etmez ya sorununuzn nedeninin ne olduğu. Yeterince dua sorununuzu çozebilir fakat eğer Allahın dergahina dua etmekte ısrarlı olasınız.
Allahın her zaman sizinle olduğuna, sizin yanınızda olduğuna inananın, dualarınızı dinliyor. İster sorununuz oğlunuzun öksğrmesi olsun ve ya kısır olun ve Allahtan çocuk isteyin, ya da eski nefret ve düşmanlık size acı bir yara vermiş olsun, her halde duaya sığının çünkü tüm acıyı ortadan kaldırır, ve size huzur ve sükunet getirir.
Dua etmek için dünyadan kenara çekildiğinizde, başarısılıklar düşünmemek iyi olur... Bunun yerine, sakin olun ve dikkatinizi Allahın Yüce Rahmetine çevirin. mumkünse, tüm küçük endişeleri bir kenara bırakın ve düşüncelerinizi Allahla konuşmaya odaklayın. Zihninizde size yardımcı olan düşünceleri saklayın. Çok basit düşünceler böylesi gibi: "Seni

seviyorum Allahım.» ya "Sene şükran ediyorom Allahım." ya "Seni seviyorum tanrım. ya " senin huzurundayım Allahım" ya ben Allahımın nimetlerine göre şükran ediyorom.

Allahın sizinle olduğunu böyle basit yollarla duyduğunuzda, tüm fiziksel baskılarınız sakinleşirler. Korku ve heyecan ve hayatın küçük ıztırapları her gün daha fazla azalir.

Şu gerçeği ki özgüvenle dünyaya geliyoroz çoçukların etki ve tepkilerinde görebiliriz. Bir öğretmen tanıyorom sınıf başlamadan yüksek sesle öğrencilerle böyle tekrar eder: "Allah beni seviyor. Allah bende yaşıyor. Soluklamam Allahın nefesidir. Ben Allahın bir çocuğuyum ve Allah çocuğun sever. Allah her zaman bene yardımcı olur". Çabalarının bir yansıması olan Cesaretin ve özgüvenin tezahürünü öğrencilerde görmek güzel.

Ama neden güçlü ve derin inamlarınıza güçlü güveniniz olmalı? Bilim adamları insanın doğal zekadan dolu olduğunu söyler. Vucudunuzun her parçacığı yaratıcı bilinçle dolu. İçinize aldığınız hava ve yaşadığınız dünya Allahın sevgisinden dolu, sizi tüm iyi arzularınıza kavuşturmak ve tüm bilimleri yetki altına almak için.

Eğer inamla dolu, şu bilgelikle temasta olasınız, şu bilgelik size mucizeler ve surprizler yaratır.

Sözün gücünden habersizseniz bilmeğiniz gereken bu ki bir güzel olumlu cümle binden fazala olumsuz düşünceden daha güclüdür;ve iki güzel cümle on binlerce olumsuz düşünceden daha fazla.

Bu nedenle, umutsuzluk,cesaretsizlik, tereddüt ve başarısızlıktan korkma düşüncesi size baskı edende vurguyla her gün böyle deyin: "gücüm Allahtandır. Onun yüce gücüyle güclüyüm. Tüm gücler en üstün zihin, fiziksel ve iş mevhibetlerini elde etmek için baa verilmiştir. Hemen tğm bu gücleri davet edib ve deneyeceyim. "

Akşam uykudan önce tekrarlanmasi gereken en güzel ibarelerden biri şu: "ben uykuya giriyorom ama bende olan Allah benim sorunumu Allahın düzeniyle çozmek için uyanıktır, o beni mutluluğa, sevince ve zengimliğe götürür".

Güven ve özgüven sağlayan en iyi başka bir vurgu ifadelerinen biri şudur: " Allah beni seviyor. Allah bene rehberlik ediyor ve bene yol gösteriyor".

Mühtemel ki hiç bir zaman bunun farkına varmayasınız sizin teşvik ve övgünüz başkalarının hayatında ne etkiler birakabilir; ya şükranınız ve marhemetli sözleriniz başkalarının hayatında hangı sürprizlere neden olabilir. Şaşkınlığa daha fazla neden olan şudur ki marhemetli sözünüz bin kere daha fazla kendinize döner; çünkü kendinizden yayılanın bir kaç beraberi kendinize döner.

Özgüven sağlamağın en etkin yollarınan biri. Günlük duadır. Ende buna inanıyorom, Allahı içinizde hissedin ve muazzam inamı ve yetkiyi elde edin. İnanıyorom şimdi coşkudan, sevincten ve özgüvenden dolusunuz.

Yapabbilmeyi düşünen insan her zaman başarılı olur. Her zaman hayırlı adım atın. İçiniz ve dışınız özgüvenle dolmak için elinizden geleni yapın. Her zaman kendine güvenen ve başarılı insanlar simasında olun. O zaman kendi düşünceleriniz ve diğerlerininki toplanır ve istediğiniz yolda ve başarıyla hareket eder.

Sizi kaynaktan uzaklaştıran düşüncelere dikkae edin.

Başkalarına göre önyargıda bulunanda ve ya onları özel bir durumdan mahrum etmeği düşündüğünüzde kendinize varlıkların en yücesi olduğunuzu hatırlatın. sonra olumlu düşünceleri, olumsuz düşüncelere değiştirmeğe çaba gösterin. Hayyata sizin ilahi olduğunuzu gösteren konular ve işlere odaklanın; çünkü siz başkalarının önyargısına bakmayarak, Allahın bir harıka yaratığı, bir dahi ve muazzam bir yaratana sahipsiniz.

Her kesin ve her şeyin Allahın huzurundan dolu olduğunu anımsayın; bununla tüm varlıklarda ilahi gücü dikkata alın. Kesinlikle göreceksiniz şu güc nasıl gizlice size rahmeti hediyye eder.

Bizim başlangıcımız Allahımızdır ve o bitmez tükenmez kaynağa bizim hayatımızda biz karışmadan girmeğe fırsat vermişiz.

Siz kafanızda olan büyük hedeflerle başkalarına ilham verdiğinizde, sizin düşünceleriniz karşısındaolan engelleri darmadağın eder.

Zihin kısıtlamaları bir kenara bırakır ve bilim her yerde yayılır. O zaman kendinizi yeni, büyük ve şaşırtıcı bir dünyada göreceksiniz. Gizli yetenekler, kabiliyyetler ve güçler uyanacaklar ve sizz kendinizi herzaman sandığınızdan daha büyük bulacaksınız.

Her bir isteğimiz, kendine özgü bir titreşmeye sahipi. O istekleri zihnimizin olumlu düşünceler çerçivesinde büyütüğümüzde, onların enerj titreşmeleriyle manevi dünyada uyumlu oluyoroz. "başarılı olmak istiyorom, sağlam kalmak istiyorom, sakin ilişkiler denemek istiyorom, hayata göre iyi hissler içinde olmağı istiyorom ve ... "

Düşüncelerimizin enerjisi, manevi olma duzeyimizin belirleyicisidir; bu nedenle her tür tereddüt, hedefe ulaşma yeteneklerimizde her isteğin özel titreşmeleri nedeniyle, o titreşmelerin düzenini bozulmasına neden olur. Bo olay olduğunda, otomatik ılarak engeller akla gelir. Öyleyse, zihnimizde bir takım düşüncelr ki yetencğimizin büyüklüğünü iç sezgimizden aşıkar edirler iyi değilmi?

Size yeteneklerinizin aşıkar olmamağına neden olan düşünceleri dikkatla değerlendirip ve tanımlayın. Hatta onların görğnğşte en ufağıda, sizin yeteneğinizi bir ilahi hayyat denemeğe sorgu altına alabilir; ve böylesine olumsuz enerjiler yayarken, arzularınızın gerçekleşmesine engel yaradarlar.

Şu düşünceni: "İstediğimi asla elde edemcyeceğime eminim çünkü o kadar şanslı olmadığımı biliyorom" bu bakışla değiştirin: " her zamanbenim istediklerimle tüm uygun olan enerji izlerini aramakta olacayım". Düşüncelerinizin gizli evini alışkanlıkla başvuran ve istediklerinizin ve arzularınızın gerçekleşmesini engelleyen düşüncelerden sakının.

Küçük adımlar atmak, azar azar sizi arzularınızın ve tutkuyla istediklerinizin titreşmeleriyle birleştirir; bu yüzden eğer doğaya ayak uydurmak istiyorsanız kalbinizin aynasında hayallerinizi net bir şekilde görebilmeniz ve ona doğru küçük ama sağlam adımlarla yürüyebilmeniz için yeni bir plan yapın.

bunu yapamayacağınızı ya da yapmak istemeyeceğinizi düşünüyorsanız ya da henüz kabul etmeye hazır olmadığınızı düşünüyorsanız, sorunları anlamanıza yardımcı olacak kitaplar hazırlamanızı tavsiye ederim. Ama Allahla iletişim kurduğunuz düşüncelerinizin ve eylemlerinizin enerjisinin titreşimlerinin daima farkında olun.

Etrafınızdaki insanlarla samimi bir ilişki kurmanın en etkin yollarınan biri, konuşmanızda "ben" Zamirini az kullanmanızdır. "bencilliğinizi susturun".

Bir başkası konuşurken, sözünü kesmek istediğinizde, sessiz kalmaya çalışın. Sessiz kal cümlesini zihin tuvalınıza kazıyın ve ve o anlarda kendinize dinlemenin öğut vermekten kendini övmekten daha ilham verici olduğunu hatırlatın.

Cömertlik pratiki için her fırsatı kullanın. Her gün özellikle tanımadığınız birine yardım etmeği planlayın. Size söz veriyorom bunu yaptığınızda, bağış anlarında hayatınızın en güzel duygularını deneyeceksiniz. Her ne kadar daha fazla bağış eden olsanız daha fazla ilham verici olursunuz. Etrafınızdakılara söz ve eylemle paranızı ve vakıtınızı onlarla bölüşeceğinize istekli oldüünüzü gösterin ve emin olun ki, bunu yaparak onlara ilham kaynağı olacaksınız. Tüm insanlar parasını ve vakıtını başkalarıyla bölüşen insanlardan ilham alır.

Güne başlamadan önce, Allahla birkaç dakika dua etmeğe ayırın. Uyandığınızda kendinize böyle deyin: "Şimdi Allahımla konuşma sırası bende." Bu muhteşem anlarda Allahtan ne isterseniz isteyin. Allaha kalbinizde duyun, azemetini ve büyüklüğünü düşünün ve her şeyden önemli ona şukran edin. Ben genellikle duamın sonunda Allaha söylerim: "Allahım senen teşekkür ediyorom, teşekkür ediyorom, teşekkür ediyorom."

Ve ne olurdu eğer size deseydiler hayatınızın deneyleri, eğemen düşüncelerinizin sonuçutur ve yeterince odaklandığınız düşünceler gerçekleşecektir? Bu düşünceler doğrultusunda ifadeler şunlardır: "oorktuğum şey bana geldi" veya "olacağını sandığın gibi oldu", "it ulur birbirini bulur" ve "ne ekersen onu biçersin".

Frekans

Her geçen gün ve her an hayat deneyimlcrinizi incelerken, arzularınızın frekansını sürekli olarak dış dünyaya yansıtıyorsunuz, bunlara "titreşme" diyoroz. Her titreşimle, içinizden yayılan ve hala maddi olmayan boyutunuzu oluşturan kaynak, tam olarak yaşamın yükseltilmiş versiyonuna odaklanır ve ona dönüşür ve bu sonsuz yaşam süreci devam ettiğinde ve söyledikleriniz veya söylemedikleriniz hakkında yeni ve geliştirilmiş sonuçlar alırsınız ve bu daha geniş önemsiz yanınız gelişir.

Her na kadar iyi hissleriniz olsa, bu frekansları daha fazla birbirine bağlıyorsunuz ve her na kadar kötü hissleriniz olur daha fazla onun karşısında direniyorsunuz. İçinizde sevgi, mutluluk veya başka herhangi bir olumlu duygu hissettiğinizde, aslında hayatınızın en saf anlarına ulaşırsınız. Korku, öfke, mutsuzluk ve başka olumsuz hissler sizi çevreledikte, bu anlamda ki siz o anda düşündüğünüz, iradenize ve isteklerinize aykırı ve aslında kendi doğanızın ona dönüştüğünü elde etmeğe izin vermiyorsunuz.

Beş fiziksel duyudan yararlanarak, çevrenizi algılarsınız ve yeni arzular ve istekler seri halinde yaratırsınız. Maddi olmayan bir şekilde odaklanmış olan maddi olmayan kesiminiz yeni isteğinizi görür ve ona odaklanır. Gün boyunca, maddi hayat tecrübeniz gelişmenize neden olur ve başkalarıyla ola temasta, okuduğunuz her bir metinde, gördüğnüzde ve deneyimlerle elde ettiğinizde, yeni arzular yaratırsınız ve bu sureçe devam edersiniz. Her zaman biri sizinle kaba davrandıkta, başkalrının daha nazik olmasını arzu edersiniz. Size göre anlaşılmazlıklar olduğunda, sizi anlamalarını arzu edersiniz.

Hayat sürekli gelişmekte olmanıza neden olur. Başka bir deyimle, Standartlarınız ve algılarınız giderek sizin daha iyi bir biçiminize dönüşecektir, çünkü maddi olmayan kesiminiz sürekli sizin isteğinize dönüşme halındadır.

Hayatın her anında hissetiğiniz duygular, sizin kendinizle frekanslı ilişkinizin göstergesidir. Dugularınız size zihninizde olan düşüncenin ve ondan kaynaklanan frekansın, Kaynaklarınızın beslediklerinin frekansı ile, uyum içinde olduğunu ve olmadığını belirler.

Enerjiler bir biriyle uyum içinde olduğunda ve ya yakın olduğunda, harika hissleriniz olur. Eneriıler uyum içinde olmayanda çok iyi hissiniz olamaz; bu nedenle, gündelik rehberlik için hisslerinizin farkında olmak gereklidir. Basit bir sözle, hayatın sizi yarattığı şeyle uyum sağlamanın ve deneyimlemek için doğduğunuz mutlu hayatın tadını çıkarmanın bir yolunu bulmanız gerekir.

Frekansı ayarladığınızda, size ilham olan her eylem, size harika hiss bahşedir. Frekans ayarı olmadan, yaptığınız herhangi bir işlem çok zor olacaktır.

Frekansı ayarlayarak, gösterdiğiniz her çaba harika sonuçlanacak veya size zaman kazandıracaktır.

Frekansı ayarlamazsanız, çabanızın sonucu mutsuluk olacak ve sonda böyle düşüneceksiniz: "Bu bende sonuç vermez".

Cazibe kuralı, evrede en güclu kural ve tüm evreni yönetiyor; Görünür veya görünmez, somut veya soyut, elektronik veya maddi, fiziksel veya fiziksel olmayan. Evren ne fakat cazibe kuralının etkisinde belki varlığın güclü kuralı, onu yönetiyor. Basit bir deyimle bu kural şöyle diyor: "Her şey özüne benzeri kendine çeker".

Örneğin, kendinizle gurur duyduğunuzda, deneyimlediğiniz duygu, içinizdeki düşüncelerin sıklığının o anda düşündüğünüz düşüncelerin sıklığı ile aynı olduğunu gösterir. Utanmağı veya şaşkınlığı hissettiğinizde, bu duygular mevcut düşüncelerinizin, size sizden daha mesafeli olan düşüncelerden çok farklı olduğunu gösterir.

Hayatın sizi mutlu hissettirdiği yaratık olmanıza izin vermelisiniz. Kendinizi mutlu hissetmezseniz, hayatın size sunduğu şeylerin tadını çıkarmaya gerçekten izin vermezsiniz.

Ama çevrenizde gördüğünüz her şeyin önce bir düşünce frekansı olduğunu ve sonra bu düşüncenin oluştuğunu ve nihayetinde mevcut haliyle ortaya çıktığını fark ederseniz, yalnız gerçek yaşam tecrübesinin şekillenmesinden açık bir görünüm elde etmiyorsunuz bunun yanısıra, tüm evrenin kaynağı olan akışı hissedeceksiniz.

Örneğinizi ve nehirdeki kürek teknenizi seviyoruz, çünkü ters yönde kürek çekmenin yararsızlığına işaret ediyor.

İstediğinizi kolayca alabileceğinizi anlamak sizi de otomatik olarak doğru yöne götürür ve bunu anladığınız anda doğal sağlık ve esenlik size akacak, siz de akıntıya katılacaksınız. Ustaca iş kendinizi, hayat ona neden olana dönüştürmeğe izin vermektir.

Cazibe kuralı, yapacağınız bir iş değil çünkü birer birer varlığın parçacıklarında vardır. Tıpkı kütleçekim yasasının uygulanmasına gerek olmadığı ancak her zaman her şeye tutarlı bir şekilde yanıt verdiği gibi, cazibe kuralı da öyle.

Cazibe kuralı, kolaylıkla binden fazla çeşitli yolla gönderdiğiniz frekanslar nedeniyle, size kesin bir yanıt gönderir. Kısacası, başınıza gelen her şey, içinizdeki mevcut frekans ile mükemmel bir uyum içinde. İçinizde hissettiğiniz duygular, içinizdeki frekansın durumunu ifade eder.

Çok basit bir diğer yol var; yani kabul etme maharetini anlamak ve uygulamak. Bu yöntemde siz bilerek ve yavaşça düşüncelerinizi arzularınızın genel yönüne yönlendiriyorsunuz ve bu güçlü yaşam akışını anladığınızda ve gerçekte kim olduğunuzun daha büyük resmine dair bir vizyon elde ettiğinizde ve en önemlisi, buna ikna olursunuz ki gerçek benliğinizle yeniden uyum içinde olmalısınız. İşte o zaman kabullenmek, sizin için farklı bir mahiyetle görünür.

Hayal edin teknenizde uzanmışsınız ve su akıntısına doğru döndüğünüzü hissediyorsunuz ; sonra bu akışın sizi kaçınılmaz mutluluğa ve hayallerinizin gerçekleşmesine götüreceğini düşünüyorsunuz.

İçinizdeki varlığın veya kaynağın şimdi olduğunuz her şeyin frekansına uygun olduğunu kabul ederseniz ve cazibe kuralına göre, aradığınız en uzak arzuyu kendinize çekerseniz, o zaman akışın gücünü anlayacaksınız.

Fiziksel durumunuzun ne zaman ve nasıl iyileşmesini belirlediğinizde, iyileşmenize engel yaratırsınız, çünkü sorularınızın cevabını bilmiyorsunuz ve sonuçta frekansınızda bir direnç oluşturuluyorsunuz. Kısacası, fiziksel durumunuzu hemen iyileştiremeyecek olsanız da, duygularınızı iyileştirebilirsiniz ve bu yeterlidir.

Yaratmak, olmasını istediğiniz şeyin olmasına izin vermek ve kabul etmek ve kabulün eylem yoluyla değil de enerji hizalanması yoluyla gerçekleştiğini bilmelisiniz.
Yaptığınız iş önemli değil, frekansınız önemli. Sizi farklı eden eyleminiz değil, frekansınızdır. Yaptığınız iş, farklılığa neden olmaz ona olan hissiniz farklılık yaratır.
Arzularınızı yaratmağın anahtarı, düşüncelerinizi doğru yöne çevirmenin bir yolunu bulmaktır. Hatta eğer mevcut durumunuz gönül açan değil, irade gücünüzden yardım almalısınız ve ters yönde hareket etmek yerine, düşüncelerinizi ne istediğinize ve gerçekte ne olduğunuza odaklayın.
Unutmayı her şeyi düzeltmek mecburıyetınde değilsiz. Sadece azacık sizde iyi hiss oluşturan bir fikir peşinde olun.
Tüm bunlar frekans hizalamasına geri dönüyor. Fiziksel ölçünebilir sonuçlar aramayın. Buun yerine ruha halınızı, düşünce tarzınızı ö duygularınızı iyileştirme peşinde olun. Kendinizi daha iyi

hissettiğinizde, daha uyumlu olursunuz. Bu durumda, geri kalanı onu takip eder. Bu bir kuraldır.
Ama etrafınızdakılar bakdıkda, sayısız konular görüyorsunuz ki onlar hiç yetkiniz yok. Dolayısıyla, düşüncelerinizi doğanızın frekansına uygun bir yöne odaklamayı öğrenirseniz, o zaman kendinizle uyum içindesiniz demektir. Ve bu uyum nedeniyle sadece iyi hissetmeyeceksiniz belki cazibe kuralının yanıt verdiği güçlü ve tutarlı bir frekans da göndereceksiniz. Başkalarının niyetlerinin ne olduğu önemli değil, çünkü onlar size kötü niyetli olsalar bile, başardığınız güçlü uyum akımının ustesinden gelemeyecekler. Mahiyetinizle uyum içinde olanda ve sürekl, bu durumda olduğunuzda, sadece sizin açınızdan iyi olanı deeyeceksiniz.
Arkadaşınıza yardımcı olmak için onun olumlu yönlerini görmeniz lazım ve arkadaşlarınızın olumlu yönlerin görmek için gerçek mahiyetinizle uyum içinde olmanız gerekir.
Bu duyguyu bir süre yönünüzü ölçmek için kullanırsanız ve her zaman mahiyetiniz doğrultusunda sakinleştirici düşünceler doğrultusunda adım atmaya çalışırsanız, çok kısa sürede frekansı arzularınıza göre ayarlarsınız; sonra giderek ne fakat mali olarak daha fazla güven hissediyorsunuz belki bunun yanısıra, gerçek mali fotoranızda ,yavaş yavaş frekas değişimlerini yansıtır.

Yakın bir gelecekte, para o kadar bollukla ve kolaylıkla size akışır ki bu kadar zamanca kendinizden onu uzak tuttuğunuz gülünç gelir.

Onları sevmediğiniz sürece, frekansınızın mahiyetinizle uyum sağlamasını engelleyeceğinizi anlayın, çünkü hoşunuza gitsin veya gitmesin, iç varlığınız onları seviyor.

İnsanlar hep böyle düşünür, eğer eşleri değişse, durumları iyiye gider ancak tam bunun tersi. "Davranışınızda veya kişiliğinizde bu değişikliği yaparsanız, kendimi daha iyi hissediyorum" dediğinizde. Aslında şunu demek istiyorsunuz: "Mutluluğum sizin davranişinizi gönüllü olarak değiştirmrnize bağlı . Sonuç olarak ben güçlü değilim".

Ne kadar daha fazla diğerlerini mutlu etmek isterseniz, kesinlikle onlar da fazla mutsuzluk hiss edecekler, çünkü içlerinde uyuma kavuşmak yerine başkalrının davranışlarına bağlı duruma gelirler ki onların üzerine hiç bir konrtol sağlayamazlar.

Eşinizin bir nedenle uzgun olduğun hiss edince, mutlu olmağın istersiniz. İyi hissi olmak için Zihninize geleni yaparsınız. O bu uyumsuzluktan dikkatı dağılır ve bir süre iyileşir. Eşiniz bu iyileşmeni sever ve şimdi siz onun iyileşmesine kendinizi görevlendirirsiniz. Şimdi o size bağlı ve giderek kendi özgürlüğünü kayb eder ve bu onu daha az mutlu ediyor. Daha fazla onu mutlu etmeğe çaba sarfedersiniz daha fazla mutsuz olur, çünkü siz bu yalnış hipotezle ki başkasını mutlu etmek gerekiyor, davranıyorsanız.

İyi vakit geçiriyorsunuz, göreviniz size açık, canlısınız, harika hissediyorsunuz ve daha geniş bir kaynak yelpazesiyle koordinasyonunuz nedeniyle güçlü bir mutluluk frekansı sinyali gönderiyorsunuz. Diğer yandan, eşiniz iyi hissler geçirmek istiyor ve sizin gönderdiğiniz frekansda bununla ilgili, sonuçta onun frekansınada kendisiyle uyum içinde olmağa, etkin oluyorsunuz. Başka bir deyimle bencilliğinizin nedeniyle buna göre ki mutluluk kaynaklarınıza bağla kalasınız, eşinizi kendi isteklerinizle uyum içine yönetmeği başardınız.

Yani, yapabileceğiniz tek şey, başkalarını kendileriyle uyumlu olacak kadar sevmektir ve bu onları mutlu eden tek şeydir.

Frekans dengenize sadık kalın ve gerisini cazibe kuralının yapmasına izin verin.

Şimdi, bu düşünceler tamamen akış içindedir ve kendinizi daha iyi hissedersiniz.

Nasıl yaratıldığınızı, frekans mevduat hesabınızı ve mevcut düşüncelerinizin yönünü yansıtan duygusal rehberlik sisteminizi öğrendikten sonra, artık başkalarının davranışlarından etkilenmeyeceksiniz. Birisi sizden ayrılanda ancak bir kişinin hayatınızdan çıkmasını anlayacaksınız ve bu hayallerinizin, yaratılışın ve ya hayatın sonu değil, sadece neleri istediğinizi ve neleri istemediğinizi açıkca anlamak için yeni bir deneyimdir. Şimdi daha hoş bir frekans mevduatı yaratmak için yeni bir fırsatla karşılaşmışsınız.

Girişiminiz düşüncelerinizn vasıtasıyla icat olub eyleminizle değil.

Kötü özelliklere odaklanmak kadar hiçbir faktör size bunların en kötüsünü getiremez ve iyi özelliklere odaklamak kadar da hiçbir şey onların iyisin size getiremez.

Bir sorunu her duyduğunuzda, sadece bir soru olarak görseydiniz, cevabı hızlı bir şekilde bulurdunuz ve geliştirme sürecinden keyif alırdınız. Başka bir deyimle, detaylar sizi sıkıştırmış değil, belki dağınık enerjiniz sizin yakanızı ele verip.

dağınık enerjinize odaklanırsanız ve işiniz için sahip olduğunuz gelişen isteklerle iletişim halinde kalırsanız, uygulamak istediğiniz ayrıntılara daha yetenekli insanları çekersiniz.

Siz şiddetle başka bir mahalledeki yeni bir eve taşınmak istiyorsunuz ve eşiniz aynı evde kalmak istediğini söylüyor. Fakat yeni evinizei düşünseniz, düşünceleriniz gün be gün yeni evinizin frekansşarıyla uyumda olur ve olaylar ve koşullar istediğinizi elde etmek yönünde gider, Ama eşinizin tamamen zıt kararını düşünürseniz, bir süre aklınızı üzerinde tutun ve neden yeni bir ev istediğinizi açıklayın ve eşinizin bunu düşünmeye bile isteksiz olmasına üzülün. Bu durumda günlük düşünceleriniz arzularınızın frekansıyla uyum içinde olmayacaktır. Kocanızın karşıt düşüncelerini düşünerek, frekansın bileşimine direnç kattınız ve şu anda istenen sonuca doğru ilerlemiyorsunuz.

Hayallerinizi yaratmak için kimseyle anlaşmanıza gerek olmadığını bilmek sizi özgürlük verecektür. Onu düzeltmeye çalışırsanız, büyük olasılıkla, önünüze çıkan ve yaratma sürecinizi engelleyen istenmeyen yönlere odaklanacaksınız ve zamanla, hayallerinizden vazgeçtiğiniz için eşinize kızacaksınız.

Çoğu insanlar korkularının doğal olduğunu anlatır. Bu nedenle, kendilerinin veya sevdiklerinin hayatlarında meydana gelen kötü şeylere atıfta bulunurlar; ama bazilerinin olumsuz olaylarla peşpeşe karşılaşmasının nedeni ilk hoşagelmez olaya çok odaklanmaları ve buda ikinci kötü olayın başverömesie neden olur ve böylesine devam eder.

Gerçekte neye inandıysanız, hayatınızda onu göreceksiniz. Örneğin eğer kıtlığa, yoksulluğa ve yoksunluğa şiddetle inanıyorsanız, onu düşünüyorsunuz ve onu konuşmalarınızın merkezinde tutursanız, yoksulluk sizden uzaklaşmaz ve hayatınızda çoğu nuksanlarla yuzleşeceksiniz. Tersine eğer mutluluk ve nimetler bolluğuna düşünersiniz ve buna inanırsınız; sırf bu mevhibetleri düşünürsünüz ve bu inamlar temelinde uygulamaya başlarsınız; servet, sağlık ve mutluluk sizi karşılar ve kesinlikle inandığınızı, gözünüzle görebilirsiniz.

Sen bedeni olan bir ruhsun, ruhu olan bir beden değil. Başka bir deyimle, siz manevi ve ilahi tecrübelerden ulaşan maddi varlık değilsiniz belki maddi tecrübelerle uğraşan ilahi bir yaratıksınız.

Gerçek ve eşsiz varlığınızın yüzde doksan dokuzu görünebilir, koklayabilir ya dokunmalı değil. Gerçekte, hayatınızın büyük kesimi bu bedenin ötesinde olandır. Bu kesimi zihin, duygu, düşünce ve ya yüksek bilinç adlandırıyorlar, bne olursa olsun kesinlikle bedeniniz değil.

direnç
Bu varoluş ilkesine neden direnebilirsiniz? Güvenç elde etmek için direnmek bir hamm hayaldır. Mademki vucudunuzun maddi ozelliklerden mzetliyorsanız, kendinizin büyüklüğünü ve deiğşimle karışık tehlikeleri bele araştırmanıza gerek yok. Bir kaç dakika düşünün. sizin mutluluğunuzn, sevincinizin ve canlılığınızın önunde duran tüm maniler, Tamamen maddi ve fiziksel özelliklerinize odaklanır. Varlığınızın bir avuç deri, kemik, kan ve organdan çok daha büyük olduğuna ve vücudunuzun sonsuz ve kozmik zekasını desteklediğine inandıktan sonra, dönüşüm alanına adım atacak ve bu süreçin geri kalanıyla devam edeceksiniz.
Bu günden kimliğinizi belirlemek için maddi başlıklar ve unvanlar kullanmamaya, çaba gösterin. Yıllardır ben mesleki ünvanlarla kendini tanımlamıyorom.
İnsanlar bana soranda mesleğin ne, genellikle benim işim mutlulukları bulmak. Bu cevap saçma görünse de; Ama içinde birçok gerçek gizlidir. Ben herşeyş yapabilirim çünkü ben herşeyim.

siz ruhu olan bir insan değilsiniz, belki deneyimli bir insan ruhusunuz.

Düşünce yaptıüınızdan daha ötedir. Aslında sizin ve tümümüzün vucudu, düşüncdeden etkilenir. Düşünce zihnimizi şuyaa ve buyana çeken fiziksel formumuz dışında tüm varlığımızı kapsar. Siz düşünceni ne fakat içinizde dişinizda da olduğunu bilmelisiniz.

Sizin yaşamınızın kalitesi, dünyada mevcut olan şeyler vasıtasıyla değil, belki hayatınızı onun vasıtasıyla kurduğunuz düşünceyle belirlenir.

Düşünceleriniz uygun şekilde beslendiğinde ve içselleştirildiğinde, sonunda maddi dünyada gerçekte görünecek ve kendilerini çeşitli şekillerde tezahür ettirecekler. Biz görüntüler üzerinden düşünüyoruz ve bu görüntüler bizim iç gerçeğimize dönüşür. Bu nedenle illüstrasyon sürecinin sebebini ve nasıl olduğunu anlar ve bu adımı atar atmaz beklenmedik başarıları çekeceğiz.

Mevcut durumunuz ve koşullar hangi hayalleri zihninize soktuğunuzu tam olarak gösterir. Görünüşünüzden sağlık ve beslenme seviyenize, servet miktarınıza, ilişkilerinize ve sizin açınızdan eyleme geçmenizi gerektiren diğer her şey, zihninize çizdiğiniz tüm hayallerden, etkilenir.

Tüm seçtiğiniz hayaller, zihninizde saklanılır ve siz her gün bu hayallerin ve düşüncelerin rehberliğiyle uygulamaya geöersiniz.

Siz kesinlikle, düşünceden yararlanmadan, bir duygu sahip olamazsınız. Davranışınız duygunuza bağlı ve duygularınız düşüncelerinizden kaynaklanır... fiziksel olarak biz ve içimizde ve çevremizde olanlar enerjiden oluşur.eneri çeşitli hızlarla yayılır ve çeşitli kaliteler sahip, bu nedenle mühtemelen bir şey hareketsiz ve katı görüne, Ama kendi gerçekliği seviyesinde dalgalanıyor.

Basit bir mikroskobik inceleme, katı bir nesnenin hareketsiz olmasına rağmen, aslında ışık hızından daha az salınan moleküllerle canlı olduğunu gösterir.

Başarısızlık diye bie şeyin olmadığına inanın. Şunu unutmayın, başarılarınızın zihninizde gördüğünüz hayallerden kaynaklanır. Siz hiç bir zaman başarısız değilsiniz fakat bir takım sonuçlara karşı karşıyasınız; bir darbeyle fotbol topunu bir kaç metre ileriye aparmağa çaba gösterdiğinizde ve yalnışlıkla sağa saptırdığınızda ,başarısız değilsiniz ancak bir sonuçla karşı karşıya kalırsınız.

Düşünce ve hayal gücünüzün yardımıyla, rüyalarınızda gördüğünüz her şeyi, uyanış dünyasında deneyimleyebildiğinizde, siz de ilahi peygamberler gibi sonsuzluk ile bir olursunuz ve mekan ve zaman ötesinde olanla bağlantı kurarsınız. Sen olacaksın ve aynı zamanda zaman ve mekanda olanlara karşı özgürlük ve saflık bulacaksınız.

Maddi dünyada, olayları ve diğerlerini suçlamak, hedeflerimizi ve özlemlerimizi takip etmemek için iyi bir bahanedir. Kendi hastalığımza dünyanı suçlu görüyoruz. Borsanı kendi mali durumumuzdan sorumlu buluyoruz, kilo almağı şekerlemeden buluyoruz.

Kişiliğimizi ebeveynlerimizin uygunsuz muamelesinin bir ürünü olarak görüyoruz, oysa düşünce alanında, başarısızlıklarımızın ve geri kalmışlığımızın suçu haklı gösterilemez; Çünkü her şeyden biz sorumluyuz. Mali durumumuz, sağlığımız ve hayatımızın diğer yönleri düşüncelerimizden gelir; ama eğer inanıyorsak ki düşünce şifa vericidir ve hayatımızda mutluluğa nede olabilir ve hemde başkalarının hayatında değişikler yaratabilir, o zaman vucudumuzun derinliklerine nüfuz ederek en olumlu boyutuları görebilirsiniz.

İç dünyaya ve düşünce alanına odaklandığımız anda varlığımızın daha sorumlu kısmına geçeriz. Şimdi iç dünyanıza bakın ve fazla sorumluluk kabullendikten sonra nasıl hissedeceğinizi görün.

Güçlerinizi maddi dünyada nasıl güçlendirebileceğinizi düşünün. Günde iki saat piyano pratiği yapmak piyano çalma yeteneğinizi artırabilir. Günde birkaç tenis topuna darbe vurmak, tenis oyununuzu güçlendirir; Ancak biçimden ve madden yoksun bir dünyada, zihinsel tecessümler pratik için tek araçtır.

Her akşam yatağa girmeden önce, amaçlarınızdan ve arzularınızdan hayeller kurun ve bu vasıtayla zihinsel deneyimler yapın. Eğer fit bir vucudunuz olmağı arzu edirsiniz, zihninizde fit ve güzel vucudunuzu defalarca görün. Zihninizin şu hayellerden dolmasına izin verin. Gün boyunca defalarca ba amaca ve hayele odaklanın ve dişarda somut bir varlik şeklinde tezahür etmek için yeterince ona olumlu enerji verin.

Davranışınızı dikkat merkezine aldıktansa, her gün düşüncelerinize odaklanın. İçte işin değeri ve zaman ve enerji tüketimi, dışarıdakinden yüz kat daha fazladır. Aslında hisslerinizi yaratan düşüncelerinizdir ve nihayet eylemlerinizle sonlandırılır.

Nuksan ve yoksulluk zihniyetine yenik düşersek, hayatımızın her boyutunu yoksulluk açısından değerlendiririz. Nuksanlar ve yoksulluklar alanında kalırsak, tüm gücümüzü bu yönde harcayacağız ve bu yaşam tarzını sona kadar sürdüreceğiz.

Çoğu insanların yaşam durumu şu hayalın temelinde: "Yeterli malım ve servetimyok" ya " çocuklarımın elbisesini temin edemiyorom da nasıl rifaha ve nimetlere inaayım? " ve ya " eğer...benim olsaydı daha fazla mutlu olabilirdim", mademkei bu insanlar hayatı nuksan ve yoksunlul zihniyetiyle vasf ediyorlar, yoksulluktan başka bir şey elde edemezler.

Bu olumsuz durumu ortadan kaldırmak için gerekenler zaten bizim için mevcuttur. Bu sınırsız dünyanın bir parçası olduğumuzu ve zenginlik ve bolluğun doğal konumumuzun her seviyesinde olduğunu anladığımızda, çeşitli şekillerde bize bol bol bereket verilecektir. Yoksulluk zihniyetinen kurtulmak için ilk adım, ne olduğumuzdan ve ve neye sahip olduğumuzu takdir etmemizdir; şükran açık şekilde beyan edilmelidir. Yaratılışın mucizelerinden biri olan varlığınıza içtenlikle minnettar olun.

Hayatta olduğunuzdan, gözünüz,kulağınız ve ayağınızın oldüğünden ve şimdi burada muzzam bir hayal içinde olduğunuzdan şükran edin. Sahip olduklarınıza odaklanmaya çalışın, sahip olmadığınıza ve nuksanlara yok. Onlara göre şükür ettiğinizlerin ismini ve özelliklerini bir liste olarak yazın:arkadaşlarınız ve aileniz, giyim ve gıda, paranız, varlıklarınız. Yaşam için gereken malzemelr. Her şey: buz dolapı, halı, kalem ve başka her şey, varılklarınıza göre şükran seviyenizi dikkat merkezine alın ve bu mevhibetler için doğanın nizamınan şükran etmeden önce onların sizde geçiçi varlıklar olduğunu düşünün.

Hayatınızda herkese ve her şeye ve ayrıca insanlığın tüm yönlerine şükretmeyi öğrendiğinizde, nuksan ve yoksulluk zihniyetini aşma yolundasınız.

Zilıninizde hangı konuya odaklansanız, hayatınızda o gelişecek ve çeşitli şekillerde kendini gösterecektir.

Örneğin, borcunuz varken ve bunun kenarında önemli sermayenizde varsa, tüm fikrinizi sermayeye odaklandırdığınızda, sermayenizin çok da uzak olmayan bir gelecekte artacağından emin olabilirsiniz.

Zihninzi hastalığa odaklandırdıkta ve onan konuştuğunuzda, her kesle yüzleşdiğinizde kendi halsizlik ve uyuşukluk hisslerinizdcn şikayeci olduğunuzda, sizin gücünüz hastalığı geliştirmeğe yönelir. Ama düşüncenizi vucudunuzun sağlığına odaklandırdığınızda ve diğerlerğyle mutluluk ve sağlıktan konuştuğunuzda, içinizde sağlık ve neşe hissi yaratılır ve uygun zamanda meyvesini verir.

Evrenin kuralları

Biz düşüncelerimize göre hareket ederiz ve bu düşünceler günlük yaşam deneyimlerimiz haline gelir. Bu nedenle eğer siz zihini gücünüzün önemli parçasını yoksulluk ve nuksana odaklansız, nuksan ve yoksulluk bilincinizde ve kesinlikle şu durumu hayatınızda geliştireceksiniz.

Bir şeyin hayatınızda boşluğun hissediyorsanız, sirf nuksana ve yoksulluğa odaklanmadan kaynaklanır. Bu tür düşünceler, sizin hayatınızda böşluklar oluşturur.

Şimdi eğer tamamen eğilimlerinizi ve beklentilerinizi hayatınızda değiştirirsiniz ve mükemmel olmağa odaklanırsız, hayatınız gelişecek. Bu, bu demek değil ki şimdiye kadar biriktirdiğiniz servettin tadını çıkarmayın ve ya kendi konumunuzun ve itibarınızın imtiyazlarınan yararlanmayın; Mesele şu ki, sen ve ben dahil hiçbir şeyin şekli ve varlığı sabit kalmıyor.

Kendi yeteneğinizi ve yeterliliğinizi nasıl değerlendirirsiniz. Yeterliliğinizin alt seviyede olduğunu düşünüyorsanız, o kadar yeterliğiniz var. Yoksunluk ve yoksulluk ,Yokunluğa ve yoksulluğa inamdan doğar ve bu durum, bu ilkenin sizin hayatınıza hakim olmasını sağlar.

Bu kural, bolluk ilkesine de geçerlidir. Bolluğu elde etmek için, zevk aldığınız işlerle uğraşmalısınız. Sevdiğiniz bir işle uğraşmak, hayatınızda bolluğun temel taşıdır.

Mutluluk ve memnuniyet kendinizle sadık ve dürüst olduğunuzda mümkündür.

Sadıklık ve dürüstlük bu demek ki sizin iç ve diş halınız denklem içinde olsun. Kendi işinizden nefret ediyorsanız ve ya kayıtsızsınız, tüm doğaüstü gücler gözünde kayıplar kaçınılmaz olacaktır; çünkü bedeninizle yaptığınız davranış, sizin düşünce aleminde zekanız ve aklınızla uyum içinde değil.

Karşıt bakış açıları, olumlu kelimeler ve ifadelerle sizden bir destekçi figürü oluşturur. Acı dolu konuşmanızı tatlı ve destekleyici sözlere çevirirseniz; zihninizi potansiyel güce odaklandırıp ve koşulları ve durumu olumlu değiştirirsiniz. Bu sureç düzgün uygulanırsa ve uyum sağlanırsa, sizin dikkatinizde olanın genişlemesini ve gelişmesini göreceksiniz. Biz nuksanlara ve sınırlamalara düşünmeğe alışkanız ve sahip olduklarımızı ve nuksanları gerçekleri elirleme için bir kriter olarak hesap ediyoruz ve şüphesiz sahip olmadıklarımız, sahip olduklarımızdan daha çok. Bize dünyanın her birimize zenginliklerle ve nimetlerle dolu olduğunu öğretmemişler.

Yoksunluk hissi onu gidermek için çaba göstermeğe neden olur ve yoğun çabalar ve çalışmalar uygulanır ve yine de sürekli olarak hedeflerine ulaşamayacaklarından korkuyorlar. Bu nedenle, küçük scrvctinize bakmayarak, zihninizi yalnızca sahip olduklarınıza odaklayın.

Her bir fırsattan elde ettşklerinize şükran etmek için yararlanın, hatta eğer fazla servet peşindesinizse ve ya kendi özelliklerinizden razı değilsiniz, şükür etmeği unutmayın. Şükran etmek açgözlülüğü gözden düşürür ve fikirleri bolluğa odaklandırır. Biz yetkimiz altında olduklardan şükran edende sanki dünya daha cömert olur fazla nimetler bize bahşedir. Ayrıca ben şu büyük gerçeği bulmuşum ki açgözlülüğün üstesinden ne kadar çok gelirsek, bize o kadar çok nimet gelecektir. Hayatınızda iyi ve tatmin edici bir şey elde ettiğinizde kendinize şunu hatırlatın: "ben bunu hak ediyorum". Bolluk kendinize olan hissten kaynaklanır. Eğer değerli olduğunuzu ve başkalarının problemlerini çözebileceğinize inanıyorsanız ve o kadar ilahi olmuşsunuz ki Allahtan ödül hakediyorsanız, kesinlikle bunu alacaksınız. Aksine, içinizde kendinizi layık görmiyorsanız ve yetenekleriniz görmezden geliyorsanız, kendi zihninizi yoksulluğa açık tutmuşsunuz.

Sürekli vurgu ifadeleri kullanın ve bolluğu cezb etmek için her bir yoldan yararlanın. Duvarlar, aynalar, buz dolapı ve arabanız bu ifadeleri takmağa ve göstermeğe en uygun yerlerdir. Bir olumlu ibare, size istediklerinizi elde etmeğe yardımcı olur. Ayrıca düşüncelerinizi dürüstçe eyleme geçirmenize yardımcı olur, düzenli olarak vurgulu ifadeler söylemeniz gerekir. Sizde aynı zamanda büyük ve daha büyük sistemler içinde, yaşam nehri akıntısını takip eden bir enerji topluluğusunuz. Bu mükemmel sistemde size emanet edilen işe ve göreve karışmadığınız sürece, sizin için planlananları özenle yapabilirsiniz.

Planlanan görev olduğunu düşündüğünüz şeyi yapmaya çalışmak zorunda değilsiniz. Kendinize düşündüğünüz görevi yapmağa mecbur değilsiniz. İşlerin bu şekilde gitmesi gerektiğine dair her türlü bağlanmanın, daha büyük sistemin işleyişine bir tür müdahale olduğunu unutmayın.kendinizi bağlılıktan her ne kadar özgür tutarsanız o kadar fazla mutluluk ve memnuniyet elde edersiniz. Hatta geçmişte çok çaba gösterdiğiniz ve daha fazla açgözlülüğe neden olup ve elde edemedikleriniz şimdi daha fazla çaba göstermeden bağlılıktan özgür olma ilkesi nedeniyle, ilahi enerjini vucudunuzda yerleştirir. O zama mucizeler ard arda gelir ve size her ne kadar bağışlasanız daha fazla alacaksınızı, size hatırlatır. Her halde bu düzenin işlemi mükemmeldir fakat işinde mudahile etmeyene kadar ve ona engel yaratmayana kadar.

Işık anahtarı vasıtasıyla, lambanı yaktığınızda, anahtarla ve gündüz gibi işik olan odanın ilişkisini görebilemiyorsunuz. Ama bir ilşki olmağı kesinlikle biliyorsunuz. Bağlantı faktörlerinin duvarın içinde saklı olduğunu biliyorsunuz. Bu yüzden bağlantı faktörlerine bakmamıza gerek yok, sadece böyle bir bağlantı olduğuna, gizli olsa bile inanmalıyız. Bununla iyimserlik, birbirine bağlılık ilkesine sahip olmanın esas koşulu ve temelidir. Hayatta her bir olumlu yanıt, daha bir olumlu yanıta neden olur. Bu süreç nedensellik kuralınan etkilenmez, sadece evrenin tüm türlerinde ve nesnelerinde enerjinin devam etmesinden etkilenir. Enerjinin kaynağı ve yaşamın merkezi olan düşüncenin kaynağı olarak zihninizi kullanarak, sınırsız farklılıklar yaratabilir ve hareket etmesini sağlayabilirsiniz.

Siz her gün bu uyarı gerçekliğinen hayatınızda yararlanabilirsiniz. Sırf önünüze çıkanlar, hissetikleriniz, ve düşündükleriniz, varlığın bağlılığının bir parçasi olduğu gerçeğini anladığınızda, hayatınızı essaretten kurtarırsınız; ve bununla hayatınızın tüm aşamalarının bir bulmaca(yap-boz) parçaları gibi bir birine bağlı olduğunu görmeğe başlıyacaksınız. Zihninizde ve bedeninizin ötesinde durup işlerinize baka bilirsiniz; Sizi şiddete sevk eden her bir şeyi bırakıp ve etrafınızdakilara nazik ve anlayışlı davranın. Tam ve eksiksizdir, böyledir ve böyle olacak, sonsuz yargılamayı bırakın ve davranışlarınızı huzur ve sükunetle doldurun.

Her şeyin kaderinde olduğu gibi olacağı ve hiçbir şeyin tesadüfi olmadığı ve mevcut durumumuzun olması gerektiği gibi olduğu tutumu, ruhsal stresinizi önemli ölçüde azaltır ve yargılama ihtiyacınızı her şeye göre aradan kaldırır. Şimdi hayal aleminde kendinizden uzaklaşın ve bir bütünün bir parçası olmağının ne kadar azemtlei olmağını görün.

Herhangi bir hoşa gitmeyen olayı yanlış yorumlamayın, bu **sorunun** arkasında nasıl bir ders olduğunu görün. Bu mükemmel ve her şeyin bir biriyle bağlılıklı olduğu dünyada, kendi kaderinizi kendiniz yarattığını bildiğinizde, hiç bir kimseyi ve nesneni kendi perişanlığınızdan eliştirmesiniz. Buna inanarak ki her ne bahşettinizse, mükemmel bir enerjiyle ve dönüş süreciyle kendinize dönecek bakış açınızı " şansa ve talihe " değiştireceksiniz.

Endişeyi bir kenara bırakın!
Şu bağlantılı ve mükemmel dünyada neden endişelisiniz? Sizin kontrolunuz altında olmayan şeylere göre endişelenmeniz mantıksızdır; çünkü sizin endişelenmeniz bir şeyi değişemez. Kontrolunuz altında olanlara göre de endişeniz boşuna ve anlamsız; çünkü kendi iradenizle ve temayülünüzle endişeli durumu değişebilirsiniz.
Unutmayın "dünya sizin kontrolünüz altında. Allah size Kendi Ruhundan üflemiş." Analize odaklanmak yerine kombinasyona odaklanabilir ve böylece zihninizi şiddetin tahakkümünden uyumun etkisine kadar kontrol edebilirsiniz. Kombinasyon her şeyi birbirine bağlamaktır ve bununla bir bütünün bileşenlerinin hangi ölçüde uyum içinde olmağını görmektir. Bu Kombinasyon vasıtasıyla kendinizin ve başkalarının varlığın ilkerine göre, uyum ölçüsünü değerlendirebilirsiniz.
Eğer yüksek bilinç elde etmek istiyorsanız, kendi yeteneğinizi, aff etmeği ve bağışlamağı denemelisiniz. Çoğumuz aff etme surecinde tam hazırlıkta değiliz bu yüzden serzeniş, eliştiri ve intikama el atıyoruz ve başkalırını kendi hatalarımıza ve yetersizliklerimize

göre serzeniş etmede ustalaşırız. Affetmeden maksudum, yüzeyüz affdır.

Eğer tam olarak başkalrını serzeniş etme ve suçlu bulma zararınan kurtulmak istiyorsanız kendinizle tam olarak sadık olmalısınız. Bu nedenle her şeyden önce kendinizi bütün hayatınızın yönlerinen sorumlu tutun. **kendinizle deyin, "Şu anki durumum şu ana kadar aldığım tüm kararların sonucudur. "** mühtemelen eğitim ve kültürünüz kendinizi sorumlu tutmağaı çok zor bir süreç bildirsim. Mümkün ki söyleyesiniz: " bir şey yapamıyorom"; " durumum zaman ve mekan yönunde uygun değildi" ; "uygun olmayan bir durumla karşı karşıyaydım. " ailemin durumu çu felaketin ve mutsuzluğun nedeniydi" ve ya kendinizi suçlu gormemek için her türü başka bahaneler.

Şimdi bu bahaneleri tümüyle bırakma zamanı geldi ve hayat yeni bir bakış açısınan bakma zamanı. Bununla başınıza gelen her olay bir dersdir ve ona şukran edip ve minnettar olmanız gerkiyor. Hayatınıza giren her insanı ne kadar suçlu olmağına ve ne kadar nefret etmenize bakmayarak; bir öüretme olarak görün. Onunla karşılaşmanızi bir tesadüf ya şans görmeyin. varlık, vücudunuzun atomlarındaki küçücük parçacıklar da dahil olmak üzere tüm bileşenleriyle ve suçladığınız insanların bedenleri ile her yönden mükemmeldir.

Diğerlerini yargılamadan vazgeçmek aslında kendini yargılamktan vazgeçmektir. D,ğerlerinin durumunu yargılamak onları yok sizi tanımlayır. Bakmayarak ki mühtemelen başkalalrının işlerin hoşa gitmeyen göreceksiniz. Onlarlane kadar ince ve nazik davranırsaız kendinizle nazik davranmışsınız. Aksine her ne kadar çok başkalarının hoş olmayan davranışlarına göre zihni karışıklığa uğrasanız, daha fazla kendinizi affetme alanında çalışmağı farked eceksiniz. Hatta eğer çoğu sizin değerlerinizi ve inançlarınızı küçümsese bile, onları yargılamaktan vaz giçeceksiniz. Başvuruda olanda, başkalarının yardımınaköşarsınız ve bu yolda adımlayarak, kendi seçimiminizi başkalrının davranışı etkisiyle yapmazsınız. Unutmayın siz istediğiniz olacaksınız. Düşüncelerinizle yeni hayatı kurmağa başlayın ve Allahtan size yolu göstermeği talep edin. Olumsuz düşünceler yerine **her an Allahla istişare edin.**

Dünya ve başka siz görebilmiyen olanaklarda var. Siz farklı bir gerçeği başlamalısınız, siz kendi hayatınızı yeniden kurmalısınız. Çünkü siz her ne dediyseniz iyi ya kötü, dünya size onu almağa karanti verir. Kendine hayatın kurbanı olduğunu söylemeye devam edersen, bunu defalarca tekrarlarsın. Hayaller hayatınızda gerçek olar. Eğer kendinizi zekada başkalrına aşağı görürseniz, ya başkaları gibi cazibili olmadığınızı düşünürseniz yayetenekli olmadıinızı düşünürseniz siz haklısınız çünkü dünya buna benzerleri size gösterecektir. Anthony Robbins'in Kuantum Soruları adlı bir kitabı var. Hayatınızı değiştirmek için sorularınızı değiştirin, diyor.

Soru sormağın bir yöntemi olumla sorular sormaktır.

Sizde iyi hissler yaratn sorular sorun. Örneiin neleri seviyorom? İyi insanları ne kadar seviyorom? Başka ne var ki ben onu seveyim? Neleri görebilirim ki beni gerçekten mutlu etsin?neleri görebilirim ki beni heyecanlandırsın? Neyi göre bilirim ki zihnimde onu bekliyorom? Nelerim var ki onun için şükür edeyim? Nelerin dinlemeğin seviyorom? Bu soruları sorduğunuzda zihninizin bunlara cevap bulmadan başka bir çaresi kalmaz. Zihniniz bu soruları cevaplandırmakla uğraşırken, başka fikirleri bırakacaktır.

Düşüncelerinizin yetkisi elinizde olmasa freni kesilmiş bir araba gibi yolkdan çıkacaksınız. Siz zihninizin sürücüsüsünüz; Bu yüzden zihninizin kontrolünü elinize alın ve nereye gideceğinize dair emirlerinizle meşgul edin ... zihninize ne yapmağı demezseniz sizi ağır ve telafi edilemiyen hasar vırır.

Neden istediklerimi elde edemiyorom?
- Sizde şu soruları sürekli kendinizden soruyormusunuz?
- Neden ben istediklerimi elde edemiyorom?
- Neden şansım yok?
- Neden ben yoksul bir ailede doğuldum?
- Neden Allah bene yardımcı olmuyor?
- Neden dualarımı dilemiyor?
- Neden bazileri kolaylıkla para elde ediyor?
- Başkalarıyla benim farkım ne?

Evrenin kuralları 137

- Neden para benden kaçıyor?
- Neden tüm ilişkilerim bozuluyor?
- Bu kadar güzellikle nede yalnızlık hissi geçiriyorom?
- Mutluluğu nerde bulabilirim?

Ve binlerce soru ki mühtemelen varınızdır.
Bildiğiniz gereke şu ki dünyada sabit ve değişmez kurallar var ve yüce Allah Kur'an-ı Kerimde bunu sünneti ilahi adlandırır ve büyürür; Allahın sünnetinde değişiklik göremezsin.

- إِنَّ اللَّهَ لاَ يُغَيِّرُ مَا بِقَوْمٍ حَتَّى يُغَيِّرُواْ مَا بِأَنْفُسِهِمْ:

Allah hiç bir toplumun kaderini değiştirmez fakat içlerine birileri değiştiriyor.

- سُنَّةَ اللَّهِ الَّتِي قَدْ خَلَتْ مِنْ قَبْلُ ○ وَلَنْ تَجِدَ لِسُنَّةِ اللَّهِ تَبْدِيلًا (فتح ٢٣)

Allahın sünneti önceden belirli ve Allahın sünnetinde değişiklik bulamazsın(fetih suresi/23)

- سُنَّةَ اللَّهِ فِي الَّذِينَ خَلَوْا مِنْ قَبْلُ ○ وَلَنْ تَجِدَ لِسُنَّةِ اللَّهِ تَبْدِيلًا

Allahın sünneti tüm geçmiş toplumlarda uygulanırdı ve Allahın sünnetinde değişiklik bulamazsınız(Ahzâb Suresi/ 62)

- سُنَّةَ مَنْ قَدْ أَرْسَلْنَا قَبْلَكَ مِنْ رُسُلِنَا ○ وَلَا تَجِدُ لِسُنَّتِنَا تَحْوِيلًا (اسراء،

(٧٧)

Bizim sünnetimizdir, senden önce paygamberlerimizle gönderdik ve Allahın sünnetünde değişiklik bulamazsın.

Ama şimdi şu soru öne çıkıyor ki gerçek değişiklik nerde ve değişiklikten kastımız ne?

İlk değişim şudur ki tüm bildiklerine tereddüt edesin ve hiç bir tek gerçeğin dünyada olmayacağını bilmelisin. Dünya senin düşüncelerinin sonucu ve her kese değişik bir gerçek gösterir. Bu yüzden herkesin hayatının kendisine ait olduğunu ve onu istediği şekilde yeniden yaratabileceğini bilin. Bunu bilmekle daha kendinizi başkalarıyla kıyaslamayacaksınız.

Gerçekten ne kadar güçlü olduğunuzu biliyor musunuz? Allah'ın gökleri ve yeri size boyun eğdirdiğini ve onların sizin iradenize tabi olduğunu gerçekten biliyor musunuz, ne kadar eşsiz ve değerli olduğunuzu biliyor musunuz?

Kur'an-ı Kerimde bir kaç ayette bu noktaya işaret edilmiştir.

- أَلَمْ تَرَ أَنَّ اللَّهَ سَخَّرَ لَكُمْ مَا فِي الْأَرْضِ وَالْفُلْكَ تَجْرِي فِي الْبَحْرِ بِأَمْرِهِ وَيُمْسِكُ السَّمَاءَ أَنْ تَقَعَ عَلَى الْأَرْضِ إِلَّا بِإِذْنِهِ ۗ إِنَّ اللَّهَ بِالنَّاسِ لَرَءُوفٌ رَحِيمٌ

Allahın yeryüzündekileri sizin lehinize boyun eğdirdiğini ve gemilerin Onun emriyle denizde yüzdüğünü ve yere düşmemesi için gökü koruduğunu görmedin mi? Aslında Allah, izni olmadıkça, zor. insanlara karşı çok şefkatli ve merhametlidir.

Evrenin kuralları

- أَلَمْ تَرَوْاْ أَنَّ ٱللَّهَ سَخَّرَ لَكُم مَّا فِي ٱلسَّمَٰوَٰتِ وَمَا فِي ٱلْأَرْضِ وَأَسْبَغَ عَلَيْكُمْ نِعَمَهُ ظَٰهِرَةً وَبَاطِنَةً ۗ وَمِنَ ٱلنَّاسِ مَن يُجَٰدِلُ فِي ٱللَّهِ بِغَيْرِ عِلْمٍ وَلَا هُدًى وَلَا كِتَٰبٍ مُّنِيرٍ (لقمان، ٢٠)

Yoksa Allah'ın göklerde ve yerde ne varsa hepsini size boyun eğdirdiğini ve size bol ve gizli nimetlerini bahşettiğini bilmiyor musunuz ve bazı kimseler var ki her zaman bilgisizdirler ve cehaletten ve hiçbir hidayete ve apaçık bir kitaba sahip olmadan Allahla tartışmaya kalkıyorlar.(lukman suresi/ 20)

- يَٰٓأَيُّهَا ٱلَّذِينَ ءَامَنُوٓاْ إِذَا نَٰجَيْتُمُ ٱلرَّسُولَ فَقَدِّمُواْ بَيْنَ يَدَيْ نَجْوَىٰكُمْ صَدَقَةً ۚ ذَٰلِكَ خَيْرٌ لَّكُمْ وَأَطْهَرُ ۚ فَإِن لَّمْ تَجِدُواْ فَإِنَّ ٱللَّهَ غَفُورٌ رَّحِيمٌ (١٢) ءَأَشْفَقْتُمْ أَن تُقَدِّمُواْ بَيْنَ يَدَيْ نَجْوَىٰكُمْ صَدَقَٰتٍ ۚ فَإِذْ لَمْ تَفْعَلُواْ وَتَابَ ٱللَّهُ عَلَيْكُمْ فَأَقِيمُواْ ٱلصَّلَوٰةَ وَءَاتُواْ ٱلزَّكَوٰةَ وَأَطِيعُواْ ٱللَّهَ وَرَسُولَهُۥ ۚ وَٱللَّهُ خَبِيرٌۢ بِمَا تَعْمَلُونَ (١٣)(سوره مجادله، آيه های ١٢-١٣)

Ey iman edenler, peygamberle fısıldamak istediğinizde, fısıldamadan önce sadaka verin. Bu sizin için daha hayırlı ve daha temizdir. Ama bir şey bulamazsanız, şüphesiz Allah bağışlayandır, marhemetlidir. Fısıldamadan önce sadaka vermekten korktun mu? Madem öyle yapmadınız, artık namazı kılın, zekatı verin, Allah'a ve peygambere itaat edin; Ve Allah yaptıklarınızdan haberdardır (Mücâdele Suresi/ 12-13)

Evrenin kuralları

• وَسَخَّرَ لَكُمُ الشَّمْسَ وَالْقَمَرَ دَائِبَيْنِ ۖ وَسَخَّرَ لَكُمُ اللَّيْلَ وَالنَّهَارَ (سوره ابراهيم، ٣٣)

Ve güneşi ve ayı, geceyi ve gündüzü sizin için boyun eğdirdi.(ibrahim /33)

• وَسَخَّرَ لَكُمُ اللَّيْلَ وَالنَّهَارَ وَالشَّمْسَ وَالْقَمَرَ وَالنُّجُومُ مُسَخَّرَاتٌ بِأَمْرِهِ إِنَّ فِي ذَلِكَ لَآيَاتٍ لِقَوْمٍ يَعْقِلُونَ (١٢)

Ve geceyi, gündüzü, güneşi ve ayı size boyun eğdirdi ve yıldızlar onun emriyle boyun eğmiştir. Şüphesiz bunda, anlayan bir toplum için ibretler vardır.(Nahl Suresi/١٢)

İşaret Ve ilham

B,l,yormusu Allah seninle nasıl konuşur? Her zaman dua ediyordun ve söyluyordun Allahım neden benim dualarıma yanıt vermiyorsun? Ne kadar kederlendin ve kalbin kırıldı ve ağladın? Bazi zamanlarda küstün ve bir kaç gün onunla konüşmadın.

Ama Allah kullarıyla konuşur. O işaretleriyle ve ilhamlarla sizinle konuşur. Yüce Allah kurani kerimde 7 defa en büyük işaretlerine yemin ediyor ve bize sezgiden bahsediyor.

1. Güneşe ve parlaklığıa yemi ediyorom.
2. Günün arkasıca giden aya yemin ediyorom.
3. Yer yüzünü aydınlatan gündüze yemin ediyorom.

4. Yer yüzünü karanlığa gömen geceye yemin ediyorom.
5. Göke ve onu kaldırana yemi ediyorom.
6. Yere ve onu genişletilmiş yaradana yemin ediyorom.
7. Nefise ve onu yaradana yemin ediyorom.

Allah bu kadar yemin ediyor yani ki her an herkesin iyiliğini ve kötülüğünü ona ilham ediyor.

Senin hislerini şu ilhamları alır. Yalnız senin duygu gücün bunu idrak etmeği başarır. Kendi duygularını takip etmeği ögrenirsen yalnış yapmazsın ve o seni rehberlik eder. Hayatta tüm çabanız hisslerinizi iyi tutmağa yönelmelidir. Ne kadar mümkünse sevinçli ve neşeli şarkılar dinleyin ve dans edin. Allah kuranda büyürüyor: benim marhemetimle mütlü olun ve bu topladıklarınızın en iyisi.

Size ileriye taşıyan umut ve sevinçtir. Dünya depresif insanları reddediyor. Dünya depresif insanları boşvermiştir. Bu dğnyanın kurallarını bilersiniz işleriniz iyice ileriye gider ve stress ve ıztırabınız olmaz. Tüm arzularınıza kavuşmak için yeter ki kendinize inanasınız. Kuralları sizin içinize nüfuz etmek için defalarca ve defalarca okuyun ve uygulayın.

İnanç kuralı

İdrak edeceğiniz en önemli kural ve üstünde çalışacağınız, sizin kendi inançlarınızdır çünkü hayatınıza hızlı değişimler getire bilir.

Evrenin kuralları

İnanç nedir? Her neyei defalarca ve defalarca görürsek ve tekrar ediyorsak ve fazla deniyorsak o bizim inançımız olur; ve her neye inanıyorsak bizim hayatımızı olüşturur.

En onemli nokta bu ki neye inanıyorsan oluyor, gerçekte inanç o kadar güclüdür ki tüm benzer düşünceleri kendie çekir ve sizde ikna olursunuz ki hayat budur ve hayat tümüyle böyledir. Her saniye içinde 7 bin fikir teli zihnimizden geçiyor ve biz yalnız mümkün olmalarına inandığımıza odaklanıyoroz.

İnançlar çok güclüdür. Anthony Robbins bir cümlesi var şöyle diyor: insan inançlarının gerçekleştirme makinesidir; yani siz dışarda bir işler yapıyorsunuz ki içinizde önceden ona ianmışsınız. Bazen inançlar bizi çaresiz hissettirir. Örneğin biz bir işi yapıpda defalarca başarısız olmuşuz ama bu o işi yeniden yapmamaya neden olamaz. Ama çoğu insanlar burada yalnış yapır.

İnanç nedir? İnanç bir fikirdir ki defalarca tekrar olmuş. İnaçlar çok sınırlayıcıdırlar. İnanölar hayatın ilk yıllarında Şekilleniyorlar. Ailenizden, toplumnan ve okuldan öğrendikleriniz, inança çevrilirler ve sizin bilinç altınızda saklanırlar ve kayıtlı bir plan gibi sizin hayatınızı yönetiyorlar.

Şimdi bu soru öne çıkıyor, ne yapmalıyız? Biliçaltı kendi işini yapıyor . çözüm yolu şudur: bilerek iyimserliğe başlayalım ve önceki verileri zihnimizden bozalım. Bilinçaltını yeniden eğitseniz çok çaba göstermenize gerek yok o kendisi size çalışacaktır.

Bill Gates şöyle diyor ki olumlu fikirler kolaylıkla para kazanıyor. Her ne kadar siz zihninizi eğitmeğe daha fazla zaman ayırasınız, para elde etmek için daha az çaba sarf edeceksiniz. Dr Wayne Dyer böyle diyor: görmek için inanın. Ama çoğu insanlar bunu tersin yapıyor ve böyle diyorlar : inanmak için göster; bu demek ki bir şeyi görmeyincek inanamazlar.

Eğer gerçekçilik ve iyimserlik arasında birini seçmeğe mecbur kaldıysanız, iyimserliği seçin, zihniniz böyle eğitilmek için. Aslında gerçekçi insanlar, kötümserler. Gerçekçi insanların özellikleri şunlardır: sorunlar sonsuz görmek, soruları dağıtıcı görmek, sorunlar özel görmek ve bununla bir ufacık sorunla yıkılıyorlar.

Sürekl, bilinçaltınızı kontrolde tutup düşüncelerinize yetki sağlamalısınız... nerede kötümser olduysanız, hızla dönup iyimser olun. Bazi zamanlar insanlar soruyorlar bir kaç dakika kötümser olmak ne problem yaratabilir? Şunu demeğim gerekiyor ki şu düşüceler azar azar toplaşıp ve güclü bir inança çevrilirler ve bunu değişmek çok zor

İnançlar düşünme yetkisini sizden alırlar. Sizin inançlarınız kabilitlerinizden ve gücünüzden daha önemli. Microsoft şirketinde binden fazla Bill Gatesten iyisi var ama fakat Bill Gates buna inanıyor ki Microsoftin sahibi olabilir. En iyileri ona çalışıyor.

Yalnış inançlar sizin gücünüzü azaltır ve doğru inanilar sizi her yere eriştiriyor. Dışarıda gördüğümüz her şey mutlaka gerçek değildir. Onların hepsininde tereddüt edebiliriz. Örneğin birisinin yoğun çalışıp da para elde ettiğini görende, bunu bilmeliyiz mutlaka hep böyle değil. Siz neye inandıysanız, dışarda ondan fazla göreceksiniz. Sevdiğiniz şeylere onları çok görmek için, çok dikkat edin.

İnsan inançlarını gerçekleştiren makinedir. **Anthony Robbins**

Bazı şeyleri yapamayacağına inanmak dünyadaki en tehlikeli inançtır, seni yok edebilir. **Anthony Robbins**

Bizde bir takım inançlar var ki bize bazi işleri yapmağımıza izin vermiyorlar; yani biz bazi işleri yapamayacağımıza inanıyoruz ve sonuçta hiç bir zaman onları yapmağa kalkmıyoruz.

Bazi insanlar sürekli kendilerini başarılı insanlarla kıyaslıyorlar ve diyiyorlar: o beden farklı, o şanslıydı, onun yüksek öğretimi vardı, ailesi onu himaye altıa aldı ve binlerce başka neden, bir şeyler yapmamak için. Aslıda o inançlarını uyguluyor ve bilerek bunları değiştirmeğe kalkmadıkca, hayatı böylesine sürecektür.

Hayatta hiç bir sınırlama yok, yalnız sınırlama zihnimizde olan sınırlamadır. Servet ve yoksulluk her ikisi zihnimizden kaynaklanır. **Napoleon Hill**

En önemli bir konu ki çoğu insanlar bilmiyorlar şudur ki, hayatımızda tğm olaylar ve karşılaştığımız koşullar, hayatımıza giren insanlar, hatta zihinimizde oluşan fikirler, hepsi bizim inaçlarımızdan kaynaklanır. Çoğu insanlar bu konuyu ya bilmiyor ya da kabul etmek istemiyorlar ve kesinlikle bu edenle ne mutlu insandırlar ve ne zengin.

İnançlar nasıl oluşuyorlar?

İnançlar 7yaşıa kadar insanın zihninde oluşuyorlar ve sona kadar insanı tüm davranışlarını kontrol ediyorlar, meğer ki bilerek onları değiştirmeğe kalkalım. İnançlar çeşitli yollardan zihimize giriyorlar. Bu yollar şunlardır:

1. Aile
2. Toplum
3. Medya, örneğin Televizyon, radyo, uydu, gazeteler
4. Okul ve üniversite
5. İş veya duygusal başarısızlıklar
6. Arkadaşlar ve insanların sözleri
7. Rasyonel ve mantıksal inançlar
8. Objektif inançlar

Bizim çoğu inançlarımız en çok ilişkide olduğumuz insanların sözlerinni etkisinden oluşuyor. Özellikle arkadaşlar, aile ve akraba. Böyle hayal edi ki siz her zaman arkadaşlarınızla bu konuda ki iyi kiz yoktur ya iyi oğlan yoktur ve ya hainlikten konuşuyorsonuz ve azar azar bu inanç sizde şekillenir ki hiç bir kimseye güvenmek olmaz ve bu bakıi açaınızın etrafınızdakılar değişmesine nede olur ve dünya mecburiyetle inandığınızdan çok vermelidir size ve siz fakat boşanma, hainlik ve güvensizlikten kouşulan eksene giriyorsunuz ve böylesine bu inanç ki güvenli insan yoktur sizde şekillenir.

Evrenin kuralları

Nasıl sınırlayıcı inançlarmızı bulabiliriz?
İnançları bulmak ve iyileştirmek için ilk adım soru sormaktır; yani biz yapacağımız her iş de kendimizden sormalıyız, ne bu işi yapmama engel olur? Neden başlaya bilmiyorom? Hangı maniler var? Bu sorular verdiğiniz cevaplar, sizin sınırlayıcı inançınızı belirler. Sorgulama tekniği her zaman işe yarar. Cevaplarınızın listesin hazırlayın ve saklayın. Aşağıda bu sınırlayıcı ve yıkıcı inançları nasıl ortadan kaldıracağınızı anlatacağım. Eski inançları yavaş yavaş olumlu ve yenileriyle değiştirmeniz gerekir.

Olumlu inançları nasıl oluşturalım?
Yapmamız gereken ilk şey, zihnin girdilerini kontrol etmektir. Zihnin çoğu girdileri görmek ve dinlemek yoluyladı ve biz girdilerin yoluna kontrol sağlamak mecburiyetindeyiz ve yeni ve sağlam girdiler zihnimize vermeliyiz.
Önereceğim bu çözümler çok etkili olacaktır.
1. TV'yi kapatın.
Hayatınızdan çıkaracağıız ilk şeyler televizyon ve sosyal medyadır. Çoğu yıkıcı ve tahrip edici girdiler bu kaynaklardandır. Cinayet, aşk başarısızlığı, başarısızlıklar, yoksulluk, hırsızlık, hapishane, ölüm, hastalık, uyuşturucu, uçak kazası, yanlış politikalar, savaş, açlık ve daha binlerce şey hakkında filmlerde izlediklerinız, yıkıcı inançlarınızı oluşturur ve zihninizde kalıcı olur.

Bu, insanları her gün daha gergin ve daha fakir hale getirdi. Yakından bakarsanız, yoksulların Telegram, Instagram, Whatsapp, TV ve uydu gibi sosyal ağları kullanmaya daha meyilli olduğunu göreceksiniz. Zengin insanlar zamanlarının çoğunu kitap okuyarak geçirirler. Fikirlerini genellikle kitaplarda bulurlar.

2. Olumsuz düşünceleri ola insanlardan uzak durun.

Kötümser insanlardan kilometreler uzak durun. Onlar çözümlerede problem çıkarıyorlar. Mühtemel sizin etrafınızda sürekli şikayeci ola insanlardan ve her şeyde şikayeci olanlardan dolu olsun. Mırıldanmaktan ve kendi sefaletleri için başkalarını suçlamaktan başka bir şey bilmiyorlar. Onları ikna etmek için onlarla tartışmayın ya da olumlu düşünmeye çalışmayın, çünkü sadece enerjinizi boşa harcıyorsunuz. Bir şeyi arayan, kendisi hevesle onun peşinde olur.

Siz yavaş yavaş olumlu düşünmeye başlamalısınız ve düşüncelerinizi bilerek görmelisiiz. Her şeyin olumlu tarafını görmeye çalışın. İlk başta biraz zor görünebilir, ancak yavaş yavaş öğreneceksiniz. Olumlu düşünme, giderek büyüyen ve hayatınızı aydınlatan küçük bir ışık gibidir.

3. Siyasi tartışmalardan kaçının.

Çoğu insanları bir başka büyük hatası, saatlerce siyasetten ve siyaset kişilerinden konuşmaktır ve nihayet mutsuzlukla bir birinden ayrılmak. Devlet adamlarının ve siyasetcileri hatalarından konuşmak size ne yardım ede bilir? Fakat daha fazla üzgünlüğünüze ve memnuniyetsizliğinize neden olur.

Politika veya sevmediğiniz herhangi bir konudan bahseden bir grupdasınızsa, dönüştürme tekniğini kullanabilirsiniz; Bu, bir şeyler söyleyebileceğiniz ve konuşma şeklinizi değiştirebileceğiniz anlamına gelir. Örneğin, şunu söyleyin: Dün annenin evine gittiniz mi? Ya da söyle bana, futbolun sonucu ne oldu? Ya da söyle bana, geçen Cuma nereye gittiniz?

Ve sorabileceğiniz ve konuşmanızın gidişatını değiştirebileceğiniz binlerce başka soru.

Bu soruları sorduğunuzda, karşı tarafın hafızası birkaç dakikalığına önceki tartışmadan silinecek ve artık en sevdiğiniz konuyu konuşma döngüsüne koyabilirsiniz.

Nasıl sınırlayıcı inançları değiştirebiliriz?

İnançlarımız bir gecede veya birkaç günde oluşmamışlar. Bu inançlar, bilinçli veya bilinçsiz olarak zihnimize giren düşüncelerin, konuşmaların ve girdilerin sonucudur.

Acı ve zevk kaldıraçı

Sınırlayıcı inançları ortadan kaldırmak için en güçlü uygulamalardan biri, acı ve zevk kaldıracıdır; Yani biz her zaman bir hazza ulaşmak için bir acıdan kaçıyroz. Örneğin, ne zaman su içeriz? Su içmemek bize acı ve susuzluk acı olarak kabul edildiğinde, susuzluktan kaçar ve keyifli olan suyu içmeye gideriz. Acı ve zevk kaldıracında yaptığımız tam olarak bu; Zihnimizin zevke yönelmesi için çok acı verici bir şey göstermeliyiz. Acı ve zevkten yararlanmak için 21 gün ayırın ve her seferinde bazı inançlarınızı yenileriyle değiştirin.

Örneğin deyin ki: Paraya sahip olmamak ızdıraptır ve paraya ulaşmak bir zevktir.

İyi bir ilişkiye sahip olmamak acı çekmektir ve iyi bir eşe sahip olmak bir zevktir.

Bir işe sahip olmamak acı vericidir ve yüksek maaşlı bir işe sahip olmak bir zevktir.

Sınırlayıcı inançları değiştirmek için aşağıdaki yöntemleri deneyebilirsiniz.

1.Vurgu ifadeleri ve Telkin Kullanın: Olumlu vurgu ifadelerini düzenli olarak tekrarlayarak, sonunda sınırlayıcı inançlarınızı doğru olanlarla değiştireceksiniz. Uygun vurgu ifadeleri arıyorsanız, lütfen sitemizi ziyaret edin ve ses dosyamızı ve pdf şeklinde bilgileri oradan elde edin ve kullanın. Her gün vurgu ifadelerine oluşan ses dosyalarını dinleyin.

1. Model kullanma: Başarılı insanların biyografilerini incelemek, zihninizi yeniden programlamanıza ve yıkıcı inançlarınızı ortadan kaldırmanıza yardımcı olacaktır. Sevgili canlarım, işinize kolaylık olması için, sitede mevcut olan, dünyada başarılı insanlardan oluşan eşsiz bir dosya hazırladık. Bu dosya dünyada ilk kez tarafımızca hazırlanmıştır ve dünyada 180'den fazla başarılı insanın

biyografilerini kitaplarıyla birlikte tanıttık. Lütfen başvurun ve elde edin.
2. Zihinsel girdi kontrolü: Filmlerin, TV programlarının bilinçli kullanımı ve doğru arkadaş seçimi ve kötümser ve olumsuz zihniyete sahip insanlardan uzak durmak.
3. Koşullandırma: Bu tekniği kullanarak olumsuz inançları olumlu olanlarla değiştirebilirsiniz.
4. Yaratıcı Görselleştirme: Yaratıcı görselleştirme, inançları değiştirmenin çok güçlü bir yoludur; Ancak çoğu insan bunun zaman kaybı olduğunu düşünüyor. Ama gün içinde vakit ayırıp arzularınızı düşünün.

Unutmayın, inançlar yay gibidir,siz çekirsiiz ama onlar ilkel biçime dönüyorlar. Yıkıcı inançların yerini yeni inançlar alana kadar devam etmelisiniz; ve size bir sene bunun için zaman gerekir. İnançlar seneler boyunca şekillenipler çok güclüdürler ama unutmayın siz inançlarınızdan daha güclüsünüz. O yuzden tam gücünüzle devam edin.

İnançlar bizim her şeyimiz. O kadar güçlüler ki onları değişmekle her şey değişiyor; ama önemlisis bu ki biz şşu inançları seçmemişiz. Biz nerede doğulduysak, oranı inançların kabul ettik.

İnançların en fazla etkisi aileden başlar. Eğer siz yoksul bir ailede doğulmuşsunuzsa, Muhtemelen iyi bir mali durumunuz yok. İyi bir duygusal ilişkiye sahip olmayan bir ailede doğulduysanız, büyük olasılıkla iyi bir ilişki de yaşamayacaksınız. Anne babanıza benziyeceksiniz. Çoğu zaman hasta olan bir ailede doğulduysanız, muhtemelen siz de hastasınız. Ya da anne babanız takıntılıysa, sizin de takıntılı olma olasılığınız daha yüksektir.

Savaş, yoksulluk, deprem, enflasyon ve çeşitli hastalık haberlerini sürekli takip eden çoğu insan korku, kaygı, endişe ve ıztırap içinde yaşar. Bu insanların genellikle mutlu bir hayatı yoktur. Ancak iyimserler ve her gün Allaha şükredenler, inanılmaz derecede daha mutlu ve sağlıklı bir hayat yaşarlar.

Pek çok insan diyor ki: kafamızı kuma sokup gerçeklerini görmezden gele bilemeyiz.

Cevap olarak, hayatınızda olmasını istediğiniz şeylere dikkat ettiğinizi söylemeliyim.

Altın İpucu: Neye dikkat ederseniz onu hayatınıza davet edersiniz.

Şimdi seçim sizde. Yoksulluğa, çatışmaya, kavgaya, suça, hırsızlığa, enflasyona, savaşa ve depreme dikkat edip bunları yaşayabilir ya da bolluk ve berekete, nimet ve rifaha dikkat edip deneyimleyebilirsiniz.

Bilinç ve bilinç altı
Sigmund Freud (psikolojinin babası) ve öğrencileri küresel bir çalışmada, yüzlerce insan üzerinde deneyler yaptılar ve aynı sonuçları elde ettiler.

O insanların kafasında çok önemli bir faktör olduğunu fark etti. Bu eylemi akıllı bilinçaltı olarak adlandırdı. Gün içinde yaptığımız her şeyin bu faktörlerden biri tarafından kontrol edildiğini gözlemledi. Bilinçaltının davranışlarımızın %95'ini kontrol ettiğini ve yalnızca %5'inin bilinçli olarak kontrol edildiğini öğrenince, şaşırdı.

O Zihni su üzerinde yüzen bir buzdağına benzetti. Su üzerinde gördüğümüz kısım, toplam buzdağının sadece %5'i olan bilinçli zihindir ve buzdağının ana hacmi olan ve bilinçaltı zihnimizi oluşturan büyük kısmı su altındadır. Dikkat ederseniz her sabah düşünmeden uyandığımızı ve bir dizi görevi otomatik olarak yaptığımızı göreceksiniz. Bir dizi tekrarlanan işler . el ve yüz yıkamak, kahvaltı yapmak, ev temizleme, işe gitmek ve işlerimizin çoğunu otomatik olarak yaparız. Aslında tüm bunları bilinçaltımız yapar.

Bunların çoğunu bilmiyorduk ve o kadar çok tekrar ettik ki öğrendik. Yürümek, yemek yemek, araba kullanmak, bisiklete binmek, konuşmak gibi. Artık bir şeyi zahmetsizce yapabilmek için bilinçaltımıza girene kadar tekrar etmemiz gerektiğinin farkındayız.

Artık biliyoruz ki, yapmak istediğimiz her şeyi kolayca yapabilmek için, bunu kolayca ve otomatik olarak enerji almadan yapabilmemiz için bilinçaltına getirmemiz gerekiyor. Bunu yapmak için iki adım yapmalıyız. Birincisi zihnimize yeni girdiler vermek, ikincisi ise bilinçaltı zihnimizi eğitmek için pratik yapmak ve tekrar etmektir. Yeni girdiler için sözleşmelerim sitesindeki kurslarımızı kullanabilirsiniz, başarılı kişilerin biyografilerini okuyabilir ve her gün 3 saat düzenli olarak kursları dinleyebilir ve vurgulu ifadeler kullanabilirsiniz ve sizin için çok önemli bir uygulamamız var, şu anda telefon rehberinize bakmanız ve olumsuz zihniyete sahip tüm insanları listenizden çıkarmanız gerekiyor. Başarılı olmak için, başarılı ve pozitif insanlarla arkadaş olmanız gerekir. Unutmayı sonuç almak için uygulamaları yapmanız gerekiyor.

Kalp, ilahi mesajın ve Allah'ın frekansının anlaşılmasının yeridir.

Doğrusu Allah, "Biz sapıkların kalplerini mühürledik" derken ne demek istiyor?

Birkaç ayette şöyle diyor:

- وَاللَّهُ يَعْلَمُ مَا فِي قُلُوبِكُمْ ۚ وَكَانَ اللَّهُ عَلِيمًا حَلِيمًا (احزاب، ٥١)

Allah kalplerinizde olanları biliyor, o her zaman alim ve sabırlıdır.(Ahzâb Suresi/ 51)

- كَذَٰلِكَ يَطْبَعُ اللَّهُ عَلَىٰ قُلُوبِ الَّذِينَ لَا يَعْلَمُونَ (روم، ٥٩)

Böylece Allah, düşünmeyenlerin kalplerini mühürler.(Rûm Suresi /59)

- أَفَلَا يَتَدَبَّرُونَ الْقُرْآنَ أَمْ عَلَىٰ قُلُوبٍ أَقْفَالُهَا (محمد، ٢٤)

Allahın ayetlerinde düşünmüyorlarmi ya da kalplerine kilitler vurulmuştur.(Muhammed Suresi/ 24)

- لَا يَزَالُ بُنْيَانُهُمُ الَّذِي بَنَوْا رِيبَةً فِي قُلُوبِهِمْ إِلَّا أَن تَقَطَّعَ قُلُوبُهُمْ ۗ وَاللَّهُ عَلِيمٌ حَكِيمٌ (توبه، ١١٠)

Attıkları temel, kalpleri paramparça oluncaya kadar(değişmeyecek), kalblerinde sürekli şüphe uyandırır ve Allah her şeyi bilendir, hüküm ve hikmet sahibidir.(Tevbe Suresi/ 110)

Evrenin kuralları

• أَفَلَمْ يَسِيرُوا فِي الْأَرْضِ فَتَكُونَ لَهُمْ قُلُوبٌ يَعْقِلُونَ بِهَا أَوْ ءَاذَانٌ يَسْمَعُونَ بِهَا فَإِنَّهَا لَا تَعْمَى الْأَبْصَارُ وَلَٰكِن تَعْمَى الْقُلُوبُ الَّتِي فِي الصُّدُورِ (حج، ۴۶)

Onlar düşünecek kalpleri, işitecek kulakları olsun diye yeryüzünde seyahat etmediler mi? Aslında gözler kör değil, göğüslerde olan kalpler kördür.(Hac Suresi /46)

• وَلَقَدْ ذَرَأْنَا لِجَهَنَّمَ كَثِيرًا مِنَ الْجِنِّ وَالْإِنْسِ لَهُمْ قُلُوبٌ لَا يَفْقَهُونَ بِهَا وَلَهُمْ أَعْيُنٌ لَا يُبْصِرُونَ بِهَا وَلَهُمْ آذَانٌ لَا يَسْمَعُونَ بِهَا أُولَٰئِكَ كَالْأَنْعَامِ بَلْ هُمْ أَضَلُّ أُولَٰئِكَ هُمُ الْغَافِلُونَ (اعراف، ۱۷۹)

Onların kalpleri vardır ki, anlamazlar, gözleri vardır, görmezler, kulakları vardır, işitmezler. Onlar dört ayaklı hayvanlar gibidirler ama onlar daha sapıktırlar, cahillerdir.(A'râf Suresi/ 179)

Kalp, duygunun yeridir, yani kalbin ve iç anlayışın bu ilhamları, iç duygularını dinleyen kişiler içindir.

Bazen endişe duyma deneyimine sahip olmuşsunuz ve kaygılı olmuşsunuz ve sonra kötü olaylar olmuş. Kalp diş olaylardan haberdar olan ilk yerdir. Şimdi aşka bir kuraldan, dugu kuralından konuşmak istiyoruz.

İyi duygular = iyi olaylar
Kurani kerimde çoğu ayetler var ki üzülmemek ve mutsuz olmamaktan bahsediyor.

- قُلْ بِفَضْلِ اللَّهِ وَبِرَحْمَتِهِ فَبِذَٰلِكَ فَلْيَفْرَحُوا فَهُوَ خَيْرٌ مِمَّا يَجْمَعُونَ(يونس، ٥٨)

Allah'ın lütfu ve rahmeti ile bunun topladıkları her şeyden daha hayırlı olduğu için sevinmeleri gerekir.(Yunus Suresi/ 58)

- وَلَا تَهِنُوا وَلَا تَحْزَنُوا وَأَنْتُمُ الْأَعْلَوْنَ إِنْ كُنْتُمْ مُؤْمِنِينَ(آل عمران، ١٣٩)

Tembellik etmeyin ve kederlenmeyin, çünkü imanın varsa üstünsün.(Âl-i İmrân Suresi /139)

- وَلَا يَحْزُنْكَ الَّذِينَ يُسَارِعُونَ فِي الْكُفْرِ إِنَّهُمْ لَنْ يَضُرُّوا اللَّهَ شَيْئًا يُرِيدُ اللَّهُ أَلَّا يَجْعَلَ لَهُمْ حَظًّا فِي الْآخِرَةِ وَلَهُمْ عَذَابٌ عَظِيمٌ(آل عمران، ١٧٦)

Küfürde birbirine üstün gelenler seni üzmesinler, çünkü onlar Allah'a asla zarar vermezler. Allah onları ahirette boşa çıkarmak ister ve onlar için büyük bir azap vardır.

- يَا أَيُّهَا الرَّسُولُ لَا يَحْزُنْكَ الَّذِينَ يُسَارِعُونَ فِي الْكُفْرِ مِنَ الَّذِينَ قَالُوا آمَنَّا بِأَفْوَاهِهِمْ وَلَمْ تُؤْمِنْ قُلُوبُهُمْ وَمِنَ الَّذِينَ هَادُوا سَمَّاعُونَ لِلْكَذِبِ سَمَّاعُونَ لِقَوْمٍ آخَرِينَ لَمْ يَأْتُوكَ يُحَرِّفُونَ الْكَلِمَ مِنْ بَعْدِ مَوَاضِعِهِ يَقُولُونَ إِنْ أُوتِيتُمْ هَٰذَا فَخُذُوهُ وَإِنْ لَمْ تُؤْتَوْهُ فَاحْذَرُوا وَمَنْ يُرِدِ اللَّهُ فِتْنَتَهُ فَلَنْ تَمْلِكَ لَهُ مِنَ اللَّهِ شَيْئًا أُولَٰئِكَ الَّذِينَ لَمْ يُرِدِ اللَّهُ أَنْ يُطَهِّرَ قُلُوبَهُمْ لَهُمْ فِي الدُّنْيَا خِزْيٌ وَلَهُمْ فِي الْآخِرَةِ عَذَابٌ عَظِيمٌ(مائده، ٤١)

Ey Peygamber, küfüre koşanlar seni üzgün etmesin, bunlar dilde iman ettiklerini diyorlar ama kalben imanları yok.(Mâide Suresi/ 41)

- وَلَا يَحْزُنْكَ قَوْلُهُمْ ۚ إِنَّ الْعِزَّةَ لِلَّهِ جَمِيعًا ۚ هُوَ السَّمِيعُ الْعَلِيمُ(يونس، ٦٥)

Ve inkarcıların sözlerine üzülme, çünkü her izzet ve hüküm Allah'a aittir ve O, işitendir, bilendir.

- وَاصْبِرْ وَمَا صَبْرُكَ إِلَّا بِاللَّهِ ۚ وَلَا تَحْزَنْ عَلَيْهِمْ وَلَا تَكُ فِي ضَيْقٍ مِمَّا يَمْكُرُونَ(نحل، ١٢٧)

Sabredin, sabrınız ancak Allah'a mahsustur, onlara üzülmeyin ve onların hilelerinden de taviz vermeyin.(Nahl Suresi/ 127)

- وَمَنْ كَفَرَ فَلَا يَحْزُنْكَ كُفْرُهُ ۚ إِلَيْنَا مَرْجِعُهُمْ فَنُنَبِّئُهُمْ بِمَا عَمِلُوا ۚ إِنَّ اللَّهَ عَلِيمٌ بِذَاتِ الصُّدُورِ(لقمان، ٢٣)

İnkar eden kâfirler için üzülme, çünkü onlar Bize yönelirler ve Biz onlara yaptıklarını haber veririz, çünkü Allah, insanların kalblerindeki sırları bilir.(lukman suresi /23)

- فَلَا يَحْزُنْكَ قَوْلُهُمْ ۘ إِنَّا نَعْلَمُ مَا يُسِرُّونَ وَمَا يُعْلِنُونَ(يس، ٧٦)

O halde onların sözleri seni üzmesin, biz onların gizlediklerini ve açığa vurduklarını biliyoruz.(Yasin Suresi /76)

- إِنَّمَا النَّجْوَىٰ مِنَ الشَّيْطَانِ لِيَحْزُنَ الَّذِينَ آمَنُوا وَلَيْسَ بِضَارِّهِمْ شَيْئًا إِلَّا بِإِذْنِ اللَّهِ ۚ وَعَلَى اللَّهِ فَلْيَتَوَكَّلِ الْمُؤْمِنُونَ(مجادله، ١٠)

Vesvese şeytaın işidir ve o müminleri üzmek istiyor ama Allah'ın emri dışında müminlere bir zararı veremez. Bu nedenle müminlerin daima Allah'a tevekkül etmesi gerekir. (Mücâdele Suresi/ 10)

- قُلْنَا اهْبِطُوا مِنْهَا جَمِيعًا ۖ فَإِمَّا يَأْتِيَنَّكُمْ مِنِّي هُدًى فَمَنْ تَبِعَ هُدَايَ فَلَا خَوْفٌ عَلَيْهِمْ وَلَا هُمْ يَحْزَنُونَ(بقره، ٣٨)

Hepiniz cennetten inin söyledik, benden size hidayet gelene kadar ve benim hidayetime uyanlar asla korkmazlar ve üzülmezler.(Bakara Suresi/ 38)

- إِنَّ الَّذِينَ قَالُوا رَبُّنَا اللَّهُ ثُمَّ اسْتَقَامُوا فَلَا خَوْفٌ عَلَيْهِمْ وَلَا هُمْ يَحْزَنُونَ(احقاف، ١٣)

Yaratanımız Allah'tır diyenler ve bu sözde sabit kalanlar için (dünyada ve ahirette) hiçbir korku, üzüntü ve keder yoktur.(Ahkâf Suresi/ 13)

- أَلَا إِنَّ أَوْلِيَاءَ اللَّهِ لَا خَوْفٌ عَلَيْهِمْ وَلَا هُمْ يَحْزَنُونَ (يونس، ٦٢)

Biliniz ki, Allah dostları onlardan ne korkarlar, ne de üzülürler.

- وَأَوْحَيْنَا إِلَىٰ أُمِّ مُوسَىٰ أَنْ أَرْضِعِيهِ ۖ فَإِذَا خِفْتِ عَلَيْهِ فَأَلْقِيهِ فِي الْيَمِّ وَلَا تَخَافِي وَلَا تَحْزَنِي ۖ إِنَّا رَادُّوهُ إِلَيْكِ وَجَاعِلُوهُ مِنَ الْمُرْسَلِينَ (قصص، ٧)

Musa'nın annesine onu emzirmesi için vahyettik ve canından endişe ettiğin zaman onu denize at, korkma ve üzülme, çünkü onu size geri getireceğiz ve onu peygamberler arasına getireceğiz.(Kasas Suresi/7)

Arzuladığınız her şeye kavuşmak istiyorsanız, önce mutlu olmağı başarmalısınız. Siz arzularınıza kavuşmakla mutluluk hissi duymayacaksınız. Arzularınıza kavuşmak için şimdiki durumunuzdam mutlu olmağınız gerekir. Her şeyi elde etmiş ama yine de üzgün olan çoğu insan var, çünkü mutlu olmak olasılıklar ve zenginlikle ilgisi olmayan içsel bir duygudur. Bu yüzden mutlu olmayı seçin ve her gün daha iyi hissetmeye çalışın. Bu arzulara ulaşmanın anahtarıdır. Allah birçok ayetinde kullarından üzülmemelerini, lütuf ve rahmetiyle mutlu olmalarını istemiştir.

Servet
Tüm zengin olamağı başarmayan insanlar, dünyada herkese yetecek kadar para olmadığına inanır; Ya da sınırlı zenginlik hakkında inançları var. Meselâ, Para dediğin el kiri, zenginin helal yoldan zengin olmadığı, zengin olmanın manevî olmadığı, fakirin Allah'a daha yakın olduğu söylenir. Bunların hepsi sizin zihinsel manilerinizdir. Önce zihninizi zengin olmaya hazırlayın ki dünya size zengin olma koşullarını sağlaya bilsin.
Paranı sevmeyen insanlar zengin olamazlar. Düyada sonsuz para ve servet var çünkü Allah sonsuzduri
Sayısız yollarla zengin olmak olar. Mühtemel ki bizim zihnimiz bulamasın ama bu olmadığı anlamına gelmez. Zengin olmak için yoğun çalışmak gerektiğini düşünmeyin. Bazen basit bir fikir, birinin zengin

olmasına yol açar. Hala çok çalışarak ve iradeyle zengin olmanız gerektiğini düşünüyor musunuz?
Bir gün birinin yaklaşık üç buçuk milyar lira para kazanabileceğine inanan var mıydı? Snap bir gün o kadar para kazanıyor. Bakın her ay ne kadar olur? Neden kimsenin aklına gelmiyordu biliyor musunuz?
Biri daha düşük bir yörüngede olmanız, diğeri ise bu kadar para kazanabileceğinize hiç inanmıyorsunuz. Alçak bir yörüngedeyseniz size en iyi fikirleri verseler zengin olamazsınız. Tüm devreler sırayla aşılmalıdır.
Bazıleri zengin olurlarsa Allah'tan yüz çevirip asi olacaklarını soruyorlar? Sende böyle bir inancı kim yarattı? Paran yoksa Allah'ın evine bile gidemezsin. Şimdi sence zenginler neden Allahı tanımıyor? Bill Gates'in kötü biri olduğuna ve Allaha yüz çevirdiğine inanan var mı? Bir yerde zenginlerin Allah'a daha yakın olduğu yazıldığını gördüm. Bu cümleyi düşündüğümden beri kendimi iyi hissediyorum.
güney Kore liderinin ünlü bir sözü var: Zenginlik muhteşemdir demiş. İki ülke arasındaki farkı da görebilirsiniz. Kuzey Kore çok fakir ve güney Kore zengindir. Mali açıdan zayıf bir ailede büyüdüyseniz, inançları sizi kesinlikle etkiledi. Mesela benim annem, babamın sabahtan akşama bir parça ekmek için çalıştığından gurur duyardı. Bir gün ben aneme sordum: neden bu kadar çabayla bizim yeterli paramız yok, Barutun namlusuna bir kibrit çarpmış gibiydi ve o sinirlendi ve "Çabalarını takdir etmelisin, o elinden geleni yapıyor bizim kaderimiz bu. Allah'ın rızasına razı

olmalıyız. Bilmiyorom bu sözleri nedense kabul edemiyordum. Kaderimiz neden o olmalıydı? çok kötü bir hissim vardı.

Bu inanç erkek kardeşlerimi etkiledi ve ben onların zihinsel kalıplarını değiştirmek için elimden geleni yaptım ve başaramadım. Onlara çok üzülüyorom ve Hepsinin babam gibi çalışmak ve sonunda azacık gelirle yaşamağı görmek istemiyorom. Daha önceki sayfalarda kimseyle tartışmamanız gerektiğini söylemiştim. Onlarla bu kurala göre tartışmıyorum ve kendileri için karar vermelerine izin veriyorum. Biri istemedikçe kimseye hiçbir şey empoze edilemez.

Kendinizi değiştirmek istemeniz çok önemlidir ve Allah tüm dünyayı size yardım etmek için seferber eder. Bunu kendi hayatımda kendi gözlerimle gördüm.

Allah Kuran'da da, hiçbir milletin kaderini, onlar kendilerini değiştirmedikçe değiştirmeyeceğimizi bildirmektedir. Ben bu ayetin görgü tanığıyım. Şükürler olsun Allaha.

Zenginler çok kibardır, filmlerde gördüğünüzün aksine. Neden bazılarınız zenginleri görünce hakaret ediyor ya da hırsız diyorsunuz? Zengin olmak istersen, zihnin buna izin vermez. Çünkü zengin olursa senin kesinlikle kötü biri olacağını düşünür ve seni bu alanda güvende tutmaya çalışır. Hatta yolun yarısınıda gitseniz ,zihniniz sizi ilk noktaya geri götürür, çok kitap okuyun. Zenginlere göre çok kitap okuyun zihniniz planlaşmak için ve sınırlayıcı inançlarınızı gevşetmek için. Enflasyon, yoksulluk ve yoksunluktan konuşmayın. Zihinsel olarak kendinizi zengin gördükte fiziksel olarak da servete yöneleceksiniz. Herkesin sorduğu en önemli soru, servetin onlara nasıl ve hangı yolla ve ne kadar süre içinde gittiğidi. Şunu demeliyim ki servetin nerde bize geldiğini bilmemize gerek yok. Hepimiz ellerimizde olan parmaklarımız sayıcasına, zengin olmağa yolumuz var ve bir yol bulamayınca mutsuz oluruz.

Siz gözlerinizle sınırlı bir alanı görebilirsiniz ve Allah size gökdeki yıldızlar kadar çözüm yolu bırakmıştır. Rica ederim Allahın zamanlamasına güvenin. Uygun zamanda istediğinizi size verecektir.

Her hangı bir durumdaysanız sırf iyi hissetmeğe çaba gösterin ve hazırkı durumu sabırla atlatın. Sabırlı olmağı başarsanız, iyi hissleriniz olacak ve sabırsızlık ederseniz ve durumun tahammülden fazla olduğunu söyleseniz, kötü bir titreşme gönderirsiniz ve maksetten uzaklaşırsınız. Her an düşüncelerinizi olumlu tutmağa çaba gösterseniz, dünyanın sizin yetkiniz altında olmasını diyebilirsiniz.

Napoleon Hill, aklında teslim olmadıkça, hiçbir insanının başarısız olmaya zorlanmadığını söylüyor. Bu gerçek defalarca tekrarlanacak, çünkü insanların ilk başarısızlık belirtisi ile tamamen yenileceği çok kolaydır. İradesiz bir kişi asla başarılı olamaz ve başarılı hiç bir zaman koşullara boyu eğmez. Thomas Edison, elektrik ampulünden önce, on bin kez başarısız oldu. Tabii ki, geçici başarısızlık söylenmelidir. Gençlikte ilerlemeye çok iyi fırsatlarınız vardır; çünkü enerjik, neşeli ve yaratıcısınız. Çoğu gençler, bu durumda amaçlarına odaklanmak yerine eğlence, chat yapmak ve karşı cinsle ilişki peşindeler. Kendilerine gelince çoğu öğrenme ve ilerleme fırsatları elden çıkmış görüyorlar. Sizin tek sermayeiz ömrünüzdür. Görün kime ve neye onu harcıyorsanız.

Tevekkül
Allaha tevekkül sizi her tür bağlılıktan kurtarır. İşe, paraya, eşinize, patrona ve torpile ve başka sizde bağlılık yaratan her bir şeye.
Sizin inamınız sorunlarla yüzleştiğinizde görünür. Harekete geçtiğinizde şeytan her vasıtayla sizi umutsuz etmeğe çaba gösterir. Zihninizde bir takım sorular olüşturmak istiyor ki inamla ve tevekkülle kimse bir maksete varmamıştır. Umutsuz olduğunuzda işiniz bitmiştir.
Her a Allahtan rehberlik dileyin ve şeytanın vesveselerinden Allaha sığının. Allah kuranda büyürüyor: şeytan kulağınıza fisildar s,z, umutsuz etmek için. Ne isterseniz Allahtan isteyin, onu size vereceğine inanın. Allah umuluları mutsuz etmez. Bu cümleye yazın ve her gün tekre edin vucudunuza nüfuz edinceye kadar.
Her gün rızkınızı Allahtan talep edin ve yalnız onu rızk kaynağınız bilin.
Bir parça ekmek için kendi öz güveninizi kimsen,n ayağı altında ezmeyin. Mesela eşiniz öldüyse fazla ıztırab etmeyin ve yalnız eşinizin kaybolmasına

inamınız olsun. Siz yaşamalısınız, rızkınız Allahın elinde ve başkalarının vasıtasıyla size erişir. Yüce Allah büyürür: Dindarlık sahibi olanlar ,rızklarını beklemedikleri yerden alırlar.
Allah size verenden bahş edin daha fazlasın almak için. Bahş etmek için bir şeyiniz yoksa, kullanmadığınız eşyaları veya kıyafetleri bahş edin. Bilginizden bahş edin. Lutfen istemediğiniz eşyalarınızı satmayı, onları ihtiyacı olanlara bahş edin ve Allahın rahmet ve servet kapılarını size nasıl açtığını görün.
Allah'a iyi niyetiniz olsun. Allahın Kendisi şöyle diyor: Ben kulumla beraberim. Bana göre nasıl düşünürse onunla öyle davranacayım. Bundan harika ne istiyorsanız. Sınırsız bağışlayan, sınırsız marhemetli ve sınırsız bahş eden Allaha inanın. Ona güvenli bir şekilde inanın. Allaha güvenle, insanlarla da marhemetli olun ve onlara olabildiğince saygı gösterin. Günahlarına göre mutsuzluk duyanlar, Allahın rahmetine umutlu olsunlar. Allah tüm günahları aff edendir. Kendinizde kendinizi aff edin. Neredesiniz oradan yeniden başlayın. Allahla öylesine dost olun ki başkasıyladost olmağa gerek kalmasın. Allaha kötü nüyetli olmayın ve onu içten sevin çünkü o sizi böyle sever.
Mutsuzluk hiss ediyorsanız Allahtan affetme dileyin ve size aff etmesine inanın.
Bazı zamanlar olur ki bazi insanların elinden örneğin anenizin ya babanızın ya çoçuklarınızın ya arkadaşlarınızın ve ya size zülüm edenlerden

üzgünsünüz ve derin nefretiniz var. Sizden sakin olmak için hepsini bağışlamanızı diliyorom. Mühtemel onlar hiç bir zaman sizin affetmenizi bilmesin ama huzuru hayatınıza getirmişsiniz.

Nefret, intikam ve kin hayatınızda bir düğüm gibi kalır. Bu düğümü çözene kadar sana iyi bir şey olmayacak.

Kesinlikle şoyle diyorsanız: sen bizim durumumuzda değilsin bize olup geçenleri fark edesin ve ne zülümler olduğunu bilmiyorsun, öyle bir zülümler ki affedilemez. Eğer sizden bir işin yapılmasını istiyorom sizden önce kendim onu yapmışım. Birilerini aff ettdim ki senelerce onlara aff etmeden acizdim; ama şunu bilenden ki Allah tüm günahları affedecek ve Allah kendi ruhundan bize üflemiş, fark ettim ki bende affedebilirim.

Affettim ve sakinleştim. Tüm vucudunuzla affetseniz, göz yaşlarınız yüzünüze akar. Allahın mucizeleri hayatınızda görmek için affedin.

"Tanınmış yazar, Wayne Dyer yıllarca babasını görmemişti ve baası onları bırakıb gitmişti. Yıllarca babasının peşinde oldu şunu demek için ki ne kadar ondan nefret ediyor. 45 yaşında haberdar oldu babası uzak bir şehirde vefat etmiş. Babasının mezarına gitmek ve ona istediğini söylemek ve nefretini göstermek için bir bilet alır. Wayne Dyer böyle yazır: babımın mezarına yetirdikte ancak ağlamağı başardım. Saatlerce sakinleşmek için ağladım; sonra onu serzeniş etmek istiyordum; ama gördüm o nasıl gurbette tek

başıa ve yalnız olmüştür ve hatta bir kimse aileden onu gömmeğe yoktu, buna çok üzüldüm.
Sanki artık ondan nefret etmiyor gibiydim. Kimse istemez ailesi var ken gurbette olsun. Ona dedim mutlaka sende iyi durumda değilmişsin ona göre bize dönmedin. Babamnan tüm nefretim aşka dönüştü ve geri döndüm. Babamı affedenden nimet kapıları yüzüme açıldı. "
Ben her zaman bu metini okuyanda gözyaşlarım akmaya başlar, umut ediyorom sizde size zülüm edenleri affedebilesiniz. Affedin kendiniz sakinleşmek için.
Eğer sizde birine bir kötülük yapdıysanız kendinizi affedin. Sürekli kendinizi serzeniş etmeyin. Yetkinizde varsa telafi edin, yoksa sadaka verin. Her kes hata yapabilir. İnsanların hatalarından haberiniz yok diye böyle düşünmeyin ki yani onlar hata yapmadılar. Hepimiz hata yapıyoruz, kusursuz olmak için. Hataları tekrar etmemek için çalışalım.
Sizi en yakını Allahtır. Siz Allaha yaklaşamazsınız onunla olmadan. Allahı her kese ihtiyacsız olmak için, içinizde idrak edin. O istemezse bir iş olmaz. Dünyada öyle bir düzen var ki hiç bir şey tesadüf değil. Şans diye bir şey yok. Her şey Allahın iradesi kontrolünde. Cazibe kuralıyla tanıştığımdan beri, bu düzenin çok kontrollü olduğunu fark ettim.
Dua edin. Çok dua edin. Dua sizin Allahla konuşmanızdır. Çoğu benden böyle soruyor: eğer takdir önceden yazılıpsa dua neye yarar. Elahi

Ghomshei böyle diyor: dua zamanan çıkmadır, siz dua ettiğinizde ebediyet ve ezeliyetin ötesine gidiyorsunuz. Yani siz takdiriniz yazılan yere götürülürsünüz. Dua takdirden öteye ulaşıyor. Dua zamandan ve mekandan çıkıyor. Siz ezele bağlanıyorsunuz. Orada emir veriyorlar size yazılan, değişsin. Dua iç gücleri seferber etmekdir. İçimizde bir gücler var dua edende bu gücler toplanıyor ve hastalığı şifa ediyor ve sorunları çozüyor. Kendi iç güclerinizi Allahın yardımıyla seferber edirsiniz.

Allah büyürüyor: dua edin size icabet edeyim. Çoğu insanları görüyorom dua etmeğe çok zor koşullar oluşturuyorlar. Ama ben her zaman diyorom izin verin insalar kendi dilleriyle dua etsin. Allahla nasıl rahatsınız öyle dua edin.

Yağmur yağmaya dua etmeğe gidiyorsunuz kendinizle şemsiye götürün ; yani Allahın sizi icabet etmenizi güvenin. Aklınıza bir şey geldiyse onu haketmenize inanın. Arzularınızı Allaha güvenle takip edin.

Allahın lütfünden mutlu olun tüm topladıklarınızdan daha önemli. Kendinizi istediklerinizi elde etmeğe hazırlayın. Allahın yardımına her kesin yardımınan daha çok güvenin. Her şeyi kendisinden talep edin.

Insanlar sizi kırgınlığa uğratanda, Allah'ın mucizeleriyle sizi nasıl şaşırttığını göreceksiniz. Elbet konuşmada çok kıla ama biz her kese ısrar ediyoroz ve ondan istiyoroz ve hayal kırıklığına uğradığımızda, Allaha yüz çeviririz.

Evrenin kuralları

Bir şeyi yapamıyorsanız, yükün kalktığını hissetmek için onu Allaha bırakın . siz hayatınızda çaba gösterin ve bu kitaptan öğrendiklerinizle istediklerinizi elde etmek için, inançlarınızı yavaş yavaş değişmeye başlayın.

Allah tek bir umut bacasıdır ki hiç bir zaman kapatılmayacak. Tek bir varlıktır ki kapalı bir ağıalada onu çağırmak olur. Kırık bacakla ona gitmek olur. Tek bir alıcıdır ki kırık malları daha iyi satın alır. Tüm insanlar terk edip gidende yalnız o kalır. Herkes arka döndüğünde o kucak açar ve tek bir padişahdır ki intikamla yok aff etmekle sakinleşir.

Allahı marhemetli ve güclü bir danışman görün. Onunla her an konuşun ve kendi dilinizle onunla konuşun. O sizin onu çağırmanızı bekliyor. Tüm hayatınızı kendi düşüncelerinizle baş ettiniz, bu defa izin verin o size karar versin. Allahı öz bir rahmet görün. Marhemeti öfkesinden daha çok. İç konuşmalarınızı Allahınızla başlayı. Şoyle deyin ben tek biriyleyim oda Allahtır.

Yemek yiyende onu yanınızda hissedin. Yürürken onu çağırın. Hissedin. Hayatınız huzurla dolmak için yemin edin onu duyasınız. Cennet ve cehennemi unutun. Fakat kendisini düşünün. Vucudunuz onu hissettikte hayatın anlamını bileceksiniz. sizin için yarattıkları sert Allahı bırakın ve yardım eden ve merhametli Allahla değiştirin. Konüştüğünüz çoğu insanların kendileri korktuğu bir Allahları var. korkutan Allahla konuşmak olurmu? Marhemetli Allaha güvenin, o kadar servet ve mal s,ze versin ki her şeyi unutasınız ve fakat onu istiyesiniz...

Sağlık
Her gün Allaha sağlığınıza göre şükür edin. Yol gidiyorsunuz Allaha şükür edin. Yemek yiyende şükür edin. Uyuyanda şükür edin.
Böyle hayal edin akşam yatasınız ve sabah kalkıb her yanı karanlık göresiniz. İlk başta havanın hala karanlık olduğunu veya elektrik çarptığını düşünebilirsiniz. Her şeyi kontrol ettiğinizde ve artık göremediğinizi fark ettiğinizde nasıl olur. Bu konunun hayalı o kadar acı verividir ki ötesini konuşmağa gerek görmüyorom. Bakınız şu iki göz için Allaha ne kadar şükür etmelisiniz. Şükür etmek iyi şeyleri kaç defa çoğaltır ve başka azacık kötü hiss veren şeyleri, iyi hisse dönüştürür. Şükran etmeğin en üst düzey titreşime sahip olduğunu hatırladınızmı. Eğer hastasınız, hastalığınıza çok odaklamayın. Eğer tedavi ediyorsunuz devam edin; ama tüm hisslerinizi sağlığa yöneltin, beden,n,z sağlıkla uyumda olmak için.
Çoğu insanlar görüyorom birlerini görende önce hastalıklarınan konuşuyorlar ya da problemlerinen bahs ediyorlar. iyileşmezler ve bunun yanısıra karşı tarafında olumsuz hisslerini çekerler.
Neden biriyle konuşmağa başladığınızda mutluluklarınızdan ve size iyi hiss veren şeylerde konuşmüyorsunuz. Bu ne yaygın hastalık ki hepimiz

ona yakalanmışız. Sanki birisini arıyoroz tüm müsibetlerimize onunla konuşak.

Ya zamandan ya da yüksek fiyatlardan ya da toplumun kötü durumundan şikayeci oluruz. Tüm kötülüklerden ve hoşumuza gçtmeyenlerde konuşuyoruz. Hepimiz yakalanan çok kötü bir alışkalık. Her gün şikayeciyiz ve bununla söylüyoroz neden yaşamımız her gün daha kötüye gidiyor. Eğer siz kitabı buraya kadar okuduysanız bu şikayeci olma kusurlu zinciri devam eden son kişi olmalısınız. Şimdiden kendinize söz verin böyle insanlardan kendiniz ayırasınız.

Zihin girdilerinizi kontrol edin. Olumla olana zihninize girmeğe izi verin. Sağlığa göre uygun vurgu ibareleri bülün ve her gün tekrar edin. Sağlığa göre olumsuz inançları bulun ve olumlularla yerlerin değişin.

Bir arkadaşım vardı her defa hastalanada diyordum bir doktora gidin o diyerdi kendi kendine iyileşecektir ve şaşırtıcı bu ki iyileşirdi. Elnette şimdi şaşırtıcı değil çünkü biliyorom o iyileşmeğe inamış.

Ben tüm hasta olanlar böyle diyirom: İlaçlarınızı birden kesmeyin, ilk önce inançlarınızla uğraşın ve o zaman ki ilaçsız iyileşmenize inandınız yavaş yavaş doktoronuzun taşhisiyle azaltıp ve ya kullanmayın.

Yaşlanma sürecine inanmadıkça kimsenin yaşlanmısına inanmıyorum. Hepemiz biliyoruz ki mesela yüz yıldan çok hayatta olmuyacağız, çükü o kadar görmüşüz ki buna inanmışız. Şimdi çoğuun mesela yüz yirmi yıl yaşadığını görürsek, bizde şu sonuçu çıkaracayız ki bizde yapabiliriz.

Unutmayın her kesin hayat gerçekleri deneyimlerinen kaynaklanır ve olüşür. Örneğin arkadaşlarımın biri tüm insanların kötü hesap diyor ve birine para borc verirse alınca çok acı çekiyor. O bunu demekte ısrarlıdı ki gerçek budur tüm insanlar kötu heap.

Ama ben buna inanıyorom ki her kimseye borc verdimse uygu zamanda geri verdi; benim hayatımın gerçeği bu, tüm insanlar hoş hesaplar. Görüyorsunuz ki iki farklı tecrübe iki farkli gerçeği oluşturdu. Yani hayatınızda gerçek adlandırdığınız bir şeyler varsa, bilmelisiniz ki inançlarınız bir konunun tekrarıyla şekillenir ve inançlarınızı değiştirerek onu kolayca değiştirebilirsiniz.

Hayatınızı değiştirmek için sorularınızı değiştirin. Örneğin, her gün kendinize neden bu kadar mutsuz olduğumu sorarsanız, zihniniz size neden mutsuz olduğunuzu gösterecek cevaplar arayacaktır. Ya da neden bu kadar mutlu olduğumu sorarsanız, zihniniz sizi mutlu eden şeyleri size gösterecektir.

Temel olarak, tüm iyi ve kötü şeyler sorularla başlar. Böyle farz edelim ki eşiniz eve geç geldi. Önce trafiğe takılıp takılmadığını kendinize sorursunuz. Sonra trafiğe takıldıysa neden telefonuna cevap vermediğini soruyorsunuz. Sonra arıyorsun cevap vermiyor. Bu sefer bir şey olmuş mu diye soruyorsunuz ; ve soru sormaya devam ediyorsunuz ve zihnin bir cevap veriyor. Sorun, sadece eşiniz geç kaldığı için tartışmalara neden olan olumsuz bir zihniyetiniz olduğunda başlar.

Doğru soruları sormayı öğrenirseniz, zihniniz size doğru cevapları verecektir. Örneğin, her gün kendinize Allaha ne için teşekkür etmem gerektiğini sorabilir misiniz? neden bu kadar şanslıyım? Neden bu kadar mutluyum ve daha binlerce olumlu soru. Tüm bu nimetlere sahip olmayabilirsiniz, ancak yavaş yavaş zihniniz cevaplarınızı bulacaktır.

Evren akıllıdır
Evrenin parçacıklarının yapısında hiçbir şey tesadüfen olmaz. Her şeyi Allah yönetiyor.
Böyle düşünüyoruz ki evrenin parçacıkları Katı ve cansız ve statiktirler, Ama her şey atom altı ve kuantum ölçeğinde canlıdır, evrene bilgi alıp gönderir. Tüm göglerde ve yerde olanlar Allahı tespih etmedeler. Ağaçlara bakın nasıl elleri dua için daima göge açılmıştır. Serçelerın tespih sesini dinliyormusunuz? Sabahlar horuzun tespih sesin dinliyormusunuz? Kulaklarınızı açsanız tüm varlıkların tespih sesi dinleyebilirsiniz. Ellerinize bakın her zama duadalar. Elinizin için bir kaç dakike bela bağlı tutamazsınız, hızla önceki biçimine dönecektir dua etmek için. Hemen ellerinize bakın. Her yerde Allahın varlığını hissederseniz, artık kendinizi yalnız hissetmezsiniz. O sizi her yerde destekliyor.
Gelin suyun önemine kurani kerim açısından göz atalım. Allah suyun akıllı olduğunu işaret edermi?

Evrenin kuralları

- بِسْمِ اللَّهِ الرَّحْمَنِ الرَّحِيمِ يُسَبِّحُ لِلَّهِ مَا فِي السَّمَاوَاتِ وَمَا فِي الْأَرْضِ الْمَلِكِ الْقُدُّوسِ الْعَزِيزِ الْحَكِيمِ(جمعه، ١)

Göklerde ve yerde bulunan her şey, izzetli, saf, güçlü ve hikmetli bir hükümran olan Allah'ı tesbih eder.(Cuma suresi /1)

Bu ayet tüm evrenin akıllı olduğuna yeter. Göklerde ve yerde tüm parçacıklar tekamül yolunda ve yörüngesinde Allahı tespih eder. Tespih eden parçacık akıllı değilmi?

- وَهُوَ الَّذِي خَلَقَ مِنَ الْمَاءِ بَشَرًا فَجَعَلَهُ نَسَبًا وَصِهْرًا وَكَانَ رَبُّكَ قَدِيرًا(فرقان، ٥٤)

Ve O, insanı sudan (sperm) yaratan ve aralarında akrabalık kuran Allah'tır ve sizin Allahınız her şeye kadirdir.(Furkân Suresi/ 54)

- يَا أَيُّهَا النَّاسُ إِنْ كُنْتُمْ فِي رَيْبٍ مِنَ الْبَعْثِ فَإِنَّا خَلَقْنَاكُمْ مِنْ تُرَابٍ ثُمَّ مِنْ نُطْفَةٍ ثُمَّ مِنْ عَلَقَةٍ ثُمَّ مِنْ مُضْغَةٍ مُخَلَّقَةٍ وَغَيْرِ مُخَلَّقَةٍ لِنُبَيِّنَ لَكُمْ وَنُقِرُّ فِي الْأَرْحَامِ مَا نَشَاءُ إِلَى أَجَلٍ مُسَمًّى ثُمَّ نُخْرِجُكُمْ طِفْلًا ثُمَّ لِتَبْلُغُوا أَشُدَّكُمْ وَمِنْكُمْ مَنْ يُتَوَفَّى وَمِنْكُمْ مَنْ يُرَدُّ إِلَى أَرْذَلِ الْعُمُرِ لِكَيْلَا يَعْلَمَ مِنْ بَعْدِ عِلْمٍ شَيْئًا وَتَرَى الْأَرْضَ هَامِدَةً فَإِذَا أَنْزَلْنَا عَلَيْهَا الْمَاءَ اهْتَزَّتْ وَرَبَتْ وَأَنْبَتَتْ مِنْ كُلِّ زَوْجٍ بَهِيجٍ(حج، ٥)

Toprağa bak, kuruyup bitkisizken, üzerine yağmur yağınca yeşerir ve yeşilleşir ve her türlü güzel bitkiden büyür.(hac suresi /5)

- أَوَلَمْ يَرَ الَّذِينَ كَفَرُوا أَنَّ السَّمَاوَاتِ وَالْأَرْضَ كَانَتَا رَتْقًا فَفَتَقْنَاهُمَا ۖ وَجَعَلْنَا مِنَ الْمَاءِ كُلَّ شَيْءٍ حَيٍّ ۗ أَفَلَا يُؤْمِنُونَ (انبياء، ٣٠)

Kâfirler, göklerin ve yerin kapalı olduğunu, onları açtığımızı ve her canlıyı sudan yarattığımızı görmediler mi? Öyleyse neden Allaha inanmıyorlar?

- الَّذِي جَعَلَ لَكُمُ الْأَرْضَ مَهْدًا وَسَلَكَ لَكُمْ فِيهَا سُبُلًا وَأَنْزَلَ مِنَ السَّمَاءِ مَاءً فَأَخْرَجْنَا بِهِ أَزْوَاجًا مِنْ نَبَاتٍ شَتَّىٰ (طه، ٥١)

Yeryüzünü sığınağınız yapan ve sizin için oradaki yolları yaratan ve gökten su indirdi, ve şu semavi su vasıtasıyla yerden çeşit çeşit bitkiler çıkardı (Taha Suresi/53)

- أَوَلَمْ يَرَوْا أَنَّا نَسُوقُ الْمَاءَ إِلَى الْأَرْضِ الْجُرُزِ فَنُخْرِجُ بِهِ زَرْعًا تَأْكُلُ مِنْهُ أَنْعَامُهُمْ وَأَنْفُسُهُمْ ۖ أَفَلَا يُبْصِرُونَ (سجده، ٢٧)

Yağmur suyunu susuz ve bitkisiz kuru toprağa götürdüğümüzü, sonra onların ve hayvanlarının yediği meyveleri topladığımızı görmediler mi? Hâlâ içgörüye gözlerini açmıyorlar mı?(Secde Suresi/ 27)

- وَفِي الْأَرْضِ قِطَعٌ مُتَجَاوِرَاتٌ وَجَنَّاتٌ مِنْ أَعْنَابٍ وَزَرْعٌ وَنَخِيلٌ صِنْوَانٌ وَغَيْرُ صِنْوَانٍ يُسْقَىٰ بِمَاءٍ وَاحِدٍ وَنُفَضِّلُ بَعْضَهَا عَلَىٰ بَعْضٍ فِي الْأُكُلِ ۚ إِنَّ فِي ذَٰلِكَ لَآيَاتٍ لِقَوْمٍ يَعْقِلُونَ

Ve arazide bitişik ve birbirine bağlı kısımlar vardır. bazisi üzüm bağı olmak için uygun ve verimlidir ve bazi tahıl için ve bir yer palmiye ağacı için ve bu çeşitli palmiyeler tek sudan içiyorlar. Ama biz bazısını meyvede bazısından üsyün tuturuz, ve bu hususlar, akıllılar için açık delillerdir.(Ra'd Suresi/ 4)

- أَفَرَأَيْتُمُ الْمَاءَ الَّذِى تَشْرَبُونَ أَأَنْتُمْ أَنْزَلْتُمُوهُ مِنَ الْمُزْنِ أَمْ نَحْنُ الْمُنْزِلُونَ لَوْ نَشَاءُ جَعَلْنَاهُ أُجَاجًا فَلَوْلَا تَشْكُرُونَ(واقعه، ٧٠-٦٨)

İçtiğiniz suyu gördünüz mü? Yağmur bulutundan mı indirdin yoksa gönderen biz miyiz? İstiyorsak tuzlu ve acı edebiliriz, neden şükretmiyorsunuz?(Vakıa Suresi /68-70)

- وَتَحْسَبُهُمْ أَيْقَاظًا وَهُمْ رُقُودٌ وَنُقَلِّبُهُمْ ذَاتَ الْيَمِينِ وَذَاتَ الشِّمَالِ وَكَلْبُهُمْ بَاسِطٌ ذِرَاعَيْهِ بِالْوَصِيدِ لَوِ اطَّلَعْتَ عَلَيْهِمْ لَوَلَّيْتَ مِنْهُمْ فِرَارًا وَلَمُلِئْتَ مِنْهُمْ رُعْبًا(كهف، ١٨)

Ve sen onları uyanık zan ediyorsun lakin uyumuşlar, biz de onları sağa ve sola çevirdik, köpekleri iki kolun mağaranın ağzına uzatmğştı, onlardan haberdar olsaydın onlardan kaçardın ve dehşete kapılırdın.(Kehf Suresi/ 18)

- وَإِنَّ لَكُمْ فِي الْأَنْعَامِ لَعِبْرَةً نُسْقِيكُمْ مِمَّا فِي بُطُونِهِ مِنْ بَيْنِ فَرْثٍ وَدَمٍ لَبَنًا خَالِصًا سَائِغًا لِلشَّارِبِينَ(نحل، ٦٦)

Ve elette size hayvanlara baktığınızda çoklu ibret var, biz onların karnından kan ve tezek arasından size saf süt içirdik.(nehl Suresi/ 66)

- وَأَرْسَلْنَا الرِّيَاحَ لَوَاقِحَ فَأَنْزَلْنَا مِنَ السَّمَاءِ مَاءً فَأَسْقَيْنَاكُمُوهُ وَمَا أَنْتُمْ لَهُ بِخَازِنِينَ(حجر، ٢٢)

Ve biz gebelik rüzgarlarını gönderdik, sonra gökten yağmur indirdik ve onunla sizi suvardık ;siz bunları yapamazdız. (Hicr Suresi /22)

Nimet ayetleri
Allah çeşitli ayetlerde nimetlerini kullarına hatırlatır, bununla bize demek istiyor ki nimetleri hatırlatmayla onları genişletin. Şükür etmek Allahın nimetlerini kapasitesin artıran lütüflerden biridir.
Nimetleri hatırlamak kalbe neşe verir ve insan her an dünyada her şeyin bol olduğunu anlar ve hiçbir şey için endişelenmez. Merhametli Allahın mucizelerini görmek için her zaman Allaha şükür edin.

- يَا أَيُّهَا الَّذِينَ آمَنُوا اذْكُرُوا نِعْمَتَ اللّهِ عَلَيْكُمْ إِذْ هَمَّ قَوْمٌ أَن يَبْسُطُوا إِلَيْكُمْ أَيْدِيَهُمْ فَكَفَّ أَيْدِيَهُمْ عَنكُمْ وَاتَّقُوا اللّهَ وَعَلَى اللّهِ فَلْيَتَوَكَّلِ الْمُؤْمِنُونَ(مائده ، ١١)

Ey iman edenler, Allah'ın üzerinizdeki nimetini hatırlayın(Mâide Suresi /11)

- فَبِأَيِّ آلَاءِ رَبِّكَ تَتَمَارَىٰ(نجم، ١٥)

Allahın hangi nimetlerinde tereddütün var? (Necm Suresi /55)

- نِعْمَةً مِنْ عِنْدِنَا كَذَٰلِكَ نَجْزِي مَنْ شَكَرَ(قمر،٣٥)

Bu da bizden bir nimet, evet böyle şükredenleri mükafatlandırıyoruz.(Kamer Suresi /35)

- فَبِأَيِّ آلَاءِ رَبِّكُمَا تُكَذِّبَانِ(رحمن، ١٣)

Allah'ınızın nimetlerinden hangisini yalanlıyorsunuz? (Rahman Suresi/ 13)

- إِنَّ الْأَبْرَارَ لَفِي نَعِيمٍ(انفطار، ١٣)

Gerçekten de, hayırseverler nimetler içindeler(İnfitâr Suresi/ 13)

- إِنَّ الْأَبْرَارَ لَفِي نَعِيمٍ(مصففين، ٢٢)

Gerçekten de, hayırseverler nimetler içindeler

- وَأَمَّا بِنِعْمَةِ رَبِّكَ فَحَدِّثْ(ضحى، ١١)

Ama Rabbinin nimetlerini tekrar et(Duha Suresi/11)

- إِنَّ الْإِنْسَانَ لِرَبِّهِ لَكَنُودٌ(عاديات، ٦)

insan, nimetleri inkâr eden ve Rabbine nankörlük eden birdir.(Adiyat Suresi/ 6)

- وَنَعْمَةٍ كَانُوا فِيهَا فَاكِهِينَ(دخان، ٢٧)

Ve içinde boğuldukları başka nimetler(Duhan suresi/ 27)

- يَا أَيُّهَا الَّذِينَ آمَنُوا اذْكُرُوا نِعْمَةَ اللَّهِ عَلَيْكُمْ إِذْ جَاءَتْكُمْ جُنُودٌ فَأَرْسَلْنَا عَلَيْهِمْ رِيحًا وَجُنُودًا لَمْ تَرَوْهَا ۚ وَكَانَ اللَّهُ بِمَا تَعْمَلُونَ بَصِيرًا(احزاب، ٩)

Ey ima edenler Allahınızın size nimetini hatırlayın(Ahzâb Suresi/ 9).

- وَمَا يَسْتَوِي الْبَحْرَانِ هَٰذَا عَذْبٌ فُرَاتٌ سَائِغٌ شَرَابُهُ وَهَٰذَا مِلْحٌ أُجَاجٌ ۖ وَمِنْ كُلٍّ تَأْكُلُونَ لَحْمًا طَرِيًّا وَتَسْتَخْرِجُونَ حِلْيَةً تَلْبَسُونَهَا ۖ وَتَرَى الْفُلْكَ فِيهِ مَوَاخِرَ لِتَبْتَغُوا مِنْ فَضْلِهِ وَلَعَلَّكُمْ تَشْكُرُونَ(فاطر، ١٢)

Allahın lütüfünden faydalanın mühtemelen nimetlerine şükür edesiiz.(Fâtır Suresi/ 12)

- غَافِرِ الذَّنْبِ وَقَابِلِ التَّوْبِ شَدِيدِ الْعِقَابِ ذِي الطَّوْلِ ۖ لَا إِلَٰهَ إِلَّا هُوَ ۖ إِلَيْهِ الْمَصِيرُ(غافر، ٣)

Günahı bağışlayan, tövbeyi kabul eden, intikamı çetin olan, rahmeti ve bereketi olan Allah, O'ndan başka Allah yoktur, dönüş O'nadır (Mü'min Suresi/ 3)

- يَا أَيُّهَا النَّاسُ اذْكُرُوا نِعْمَتَ اللَّهِ عَلَيْكُمْ ۚ هَلْ مِنْ خَالِقٍ غَيْرُ اللَّهِ يَرْزُقُكُمْ مِنَ السَّمَاءِ وَالْأَرْضِ ۚ لَا إِلَٰهَ إِلَّا هُوَ ۖ فَأَنَّىٰ تُؤْفَكُونَ(فاطر، ٣)

Ey insanlar, Allah'ın size verdiği nimetleri hatırlayın, Allah'tan başka sizi gökten ve yerden rızıklandıran bir yaratıcı var mı? Allah'tan başka bir Allah yoktur, öyleyse bu müşrikler sizi nasıl doğru yoldan çevirebilirler?(Fâtır Suresi/ 3)

- وَإِذْ تَأَذَّنَ رَبُّكُمْ لَئِنْ شَكَرْتُمْ لَأَزِيدَنَّكُمْ ۖ وَلَئِنْ كَفَرْتُمْ إِنَّ عَذَابِي لَشَدِيدٌ(ابراهيم، ٧)

Allah nimete şükrederseniz nimetinizi artırırım, inkar ederseniz azabım çok şiddetli olur.(ibrahim/ 7)

- وَمَا بِكُمْ مِنْ نِعْمَةٍ فَمِنَ اللَّهِ ۖ ثُمَّ إِذَا مَسَّكُمُ الضُّرُّ فَإِلَيْهِ تَجْأَرُونَ(نحل، ٥٣)

Sizin, bütün nimetleriniz Allah'tandır ve başınıza bir musibet geldiğinde O'na sığının.(Nahl Suresi /53)

- وَاٰتٰيكُمْ مِنْ كُلِّ مَا سَاَلْتُمُوهُ ۚ وَاِنْ تَعُدُّوا نِعْمَتَ اللّٰهِ لَا تُحْصُوهَا ۚ اِنَّ الْاِنْسَانَ لَظَلُومٌ كَفَّارٌ (ابراهيم، ٣٤)

Allah'ın (sonsuz) nimetlerini saymak isterseniz, asla sayamazsınız(ibrahim suresi/ 34)

- وَاِنْ تَعُدُّوا نِعْمَةَ اللّٰهِ لَا تُحْصُوهَا ۚ اِنَّ اللّٰهَ لَغَفُورٌ رَحِيمٌ (نحل، ١٨)

Ve eğer Allah'ın nimetlerini saymak isterseniz, asla sayamazsınız, çünkü Allah, kullarına karşı çok bağışlayıcı ve çok merhametlidir.(nehl /18)

- لَا تَمُدَّنَّ عَيْنَيْكَ اِلٰى مَا مَتَّعْنَا بِهٖ اَزْوَاجًا مِنْهُمْ وَلَا تَحْزَنْ عَلَيْهِمْ وَاخْفِضْ جَنَاحَكَ لِلْمُؤْمِنِينَ (حجر، ٨٨)

Gözünü başkalarına verdiğimiz nimetlere dikme ve onlarda ne varsa sen ona üzülme(Hicr Suresi/ 88)

- وَنَزَعْنَا مَا فِي صُدُورِهِمْ مِنْ غِلٍّ تَجْرِي مِنْ تَحْتِهِمُ الْاَنْهَارُ ۚ وَقَالُوا الْحَمْدُ لِلّٰهِ الَّذِي هَدٰينَا لِهٰذَا وَمَا كُنَّا لِنَهْتَدِيَ لَوْلَا اَنْ هَدٰينَا اللّٰهُ ۚ لَقَدْ جَاءَتْ رُسُلُ رَبِّنَا بِالْحَقِّ ۚ وَنُودُوا اَنْ تِلْكُمُ الْجَنَّةُ اُورِثْتُمُوهَا بِمَا كُنْتُمْ تَعْمَلُونَ (اعراف، ٤٣)

Övgü yalnız Allaha layıktır, o bizi bu kadar nimetlere rehberlik etti (Araf Suresi /43)

- اَوَعَجِبْتُمْ اَنْ جَاءَكُمْ ذِكْرٌ مِنْ رَبِّكُمْ عَلٰى رَجُلٍ مِنْكُمْ لِيُنْذِرَكُمْ ۚ وَاذْكُرُوا اِذْ جَعَلَكُمْ خُلَفَاءَ مِنْ بَعْدِ قَوْمِ نُوحٍ وَزَادَكُمْ فِي الْخَلْقِ بَسْطَةً ۚ فَاذْكُرُوا اٰلَاءَ اللّٰهِ لَعَلَّكُمْ تُفْلِحُونَ (اعراف، ٦٩)

Evrenin kuralları

Allahın nimetlerin hatırlayın mümkü ki felah bulasınız(Araf Suresi/69)

- وَاذْكُرُوا إِذْ جَعَلَكُمْ خُلَفَاءَ مِنْ بَعْدِ عَادٍ وَبَوَّأَكُمْ فِي الْأَرْضِ تَتَّخِذُونَ مِنْ سُهُولِهَا قُصُورًا وَتَنْحِتُونَ الْجِبَالَ بُيُوتًا ۖ فَاذْكُرُوا آلَاءَ اللَّهِ وَلَا تَعْثَوْا فِي الْأَرْضِ مُفْسِدِينَ(اعراف، 74)

O halde Allah'ın nimetlerini hatırlayın ve yeryüzünde fesat ve bozgunculuk işlemeyin.

- ثُمَّ بَدَّلْنَا مَكَانَ السَّيِّئَةِ الْحَسَنَةَ حَتَّى عَفَوْا وَقَالُوا قَدْ مَسَّ آبَاءَنَا الضَّرَّاءُ وَالسَّرَّاءُ فَأَخَذْنَاهُمْ بَغْتَةً وَهُمْ لَا يَشْعُرُونَ(اعراف، 95)

Sonra hayırı ve bolluğu ve rifahı, üzgünlük yerine getirdik öyle ki çoğaldılar (Araf Suresi/95)

- فَإِذَا جَاءَتْهُمُ الْحَسَنَةُ قَالُوا لَنَا هَٰذِهِ ۖ وَإِنْ تُصِبْهُمْ سَيِّئَةٌ يَطَّيَّرُوا بِمُوسَىٰ وَمَنْ مَعَهُ ۗ أَلَا إِنَّمَا طَائِرُهُمْ عِنْدَ اللَّهِ وَلَٰكِنَّ أَكْثَرَهُمْ لَا يَعْلَمُونَ(هعراف، ١٣١)

Nimetlerin kaynağını Allahı yanında olduğunu bilin(Araf Suresi/131).

- يَا أَيُّهَا الَّذِينَ آمَنُوا إِذَا قُمْتُمْ إِلَى الصَّلَاةِ فَاغْسِلُوا وُجُوهَكُمْ وَأَيْدِيَكُمْ إِلَى الْمَرَافِقِ وَامْسَحُوا بِرُءُوسِكُمْ وَأَرْجُلَكُمْ إِلَى الْكَعْبَيْنِ ۚ وَإِنْ كُنْتُمْ جُنُبًا فَاطَّهَّرُوا ۚ وَإِنْ كُنْتُمْ مَرْضَىٰ أَوْ عَلَىٰ سَفَرٍ أَوْ جَاءَ أَحَدٌ مِنْكُمْ مِنَ الْغَائِطِ أَوْ لَامَسْتُمُ النِّسَاءَ فَلَمْ تَجِدُوا مَاءً فَتَيَمَّمُوا صَعِيدًا طَيِّبًا فَامْسَحُوا

بُوُجُوهِكُمْ وَأَيْدِيكُمْ مِنْهُ ۚ مَا يُرِيدُ اللَّهُ لِيَجْعَلَ عَلَيْكُمْ مِنْ حَرَجٍ وَلَٰكِنْ يُرِيدُ لِيُطَهِّرَكُمْ وَلِيُتِمَّ نِعْمَتَهُ عَلَيْكُمْ لَعَلَّكُمْ تَشْكُرُونَ (مائده، ۶)

Allah size sorun çıkarmak istemiyor, belki sizi temiz etmek istiyor ve nimetlerini sizi tamamlamak istiyor, mühtemelen şükran edesiniz.(Mâide Suresi /6)

- وَاذْكُرُوا نِعْمَةَ اللَّهِ عَلَيْكُمْ وَمِيثَاقَهُ الَّذِي وَاثَقَكُمْ بِهِ إِذْ قُلْتُمْ سَمِعْنَا وَأَطَعْنَا ۖ وَاتَّقُوا اللَّهَ ۚ إِنَّ اللَّهَ عَلِيمٌ بِذَاتِ الصُّدُورِ (مائده، ۷)

Allah'ın size verdiği nimeti ve sizinle yaptığı ahdi hatırlayın. .(Mâide Suresi /7)

- وَإِذْ قَالَ مُوسَىٰ لِقَوْمِهِ يَا قَوْمِ اذْكُرُوا نِعْمَةَ اللَّهِ عَلَيْكُمْ إِذْ جَعَلَ فِيكُمْ أَنْبِيَاءَ وَجَعَلَكُمْ مُلُوكًا وَآتَاكُمْ مَا لَمْ يُؤْتِ أَحَدًا مِنَ الْعَالَمِينَ (مائده، 20)

Hani Musa kavmine dedi ki: Allahın nimetlerin kendinize hatırlayın. Size yetki vermiş ve bir şeyler bağışladı ki dünyada olanlardan kimseye vermemişti.(Mâide Suresi /20)

- هُوَ الَّذِي خَلَقَ لَكُمْ مَا فِي الْأَرْضِ جَمِيعًا ثُمَّ اسْتَوَىٰ إِلَى السَّمَاءِ فَسَوَّاهُنَّ سَبْعَ سَمَاوَاتٍ ۚ وَهُوَ بِكُلِّ شَيْءٍ عَلِيمٌ (بقره، ۲۹)

O bir Allahtır ki yerde olan tüm nimetleri size yarattı(Bakara Suresi/29)

- يَا بَنِي إِسْرَائِيلَ اذْكُرُوا نِعْمَتِيَ الَّتِي أَنْعَمْتُ عَلَيْكُمْ وَأَوْفُوا بِعَهْدِي أُوفِ بِعَهْدِكُمْ وَإِيَّايَ فَارْهَبُونِ (بقره، ۴۰) / يَا بَنِي إِسْرَائِيلَ اذْكُرُوا نِعْمَتِيَ الَّتِي أَنْعَمْتُ عَلَيْكُمْ وَأَنِّي فَضَّلْتُكُمْ عَلَى الْعَالَمِينَ (۴۷)

Size verdiğim nimetleri hatırlayın, ben sizi dünyadakılara üstün kıldım (bakara /40.46)

- وَمِنْ حَيْثُ خَرَجْتَ فَوَلِّ وَجْهَكَ شَطْرَ الْمَسْجِدِ الْحَرَامِ ۚ وَحَيْثُ مَا كُنْتُمْ فَوَلُّوا وُجُوهَكُمْ شَطْرَهُ لِئَلَّا يَكُونَ لِلنَّاسِ عَلَيْكُمْ حُجَّةٌ إِلَّا الَّذِينَ ظَلَمُوا مِنْهُمْ فَلَا تَخْشَوْهُمْ وَاخْشَوْنِي وَلِأُتِمَّ نِعْمَتِي عَلَيْكُمْ وَلَعَلَّكُمْ تَهْتَدُونَ(بقره، ١٥٠)

Ve onlardan(zalimlerden) korkmayın, benden korkun nimetimi size tamamlamak için, mümkün ki hidayet olasınız. (bakara /150)

- يَا أَيُّهَا الَّذِينَ آمَنُوا كُلُوا مِنْ طَيِّبَاتِ مَا رَزَقْنَاكُمْ وَاشْكُرُوا لِلَّهِ إِنْ كُنْتُمْ إِيَّاهُ تَعْبُدُونَ(بقره، ١٧٢)

Ey iman edenler size rızk olarak verdiğimiz nimetlerden yararlanın ve Allaha şükür edin (bakara /172)

- وَإِذَا طَلَّقْتُمُ النِّسَاءَ فَبَلَغْنَ أَجَلَهُنَّ فَأَمْسِكُوهُنَّ بِمَعْرُوفٍ أَوْ سَرِّحُوهُنَّ بِمَعْرُوفٍ ۚ وَلَا تُمْسِكُوهُنَّ ضِرَارًا لِتَعْتَدُوا ۚ وَمَنْ يَفْعَلْ ذَلِكَ فَقَدْ ظَلَمَ نَفْسَهُ ۚ وَلَا تَتَّخِذُوا آيَاتِ اللَّهِ هُزُوًا ۚ وَاذْكُرُوا نِعْمَتَ اللَّهِ عَلَيْكُمْ وَمَا أَنْزَلَ عَلَيْكُمْ مِنَ الْكِتَابِ وَالْحِكْمَةِ يَعِظُكُمْ بِهِ ۚ وَاتَّقُوا اللَّهَ وَاعْلَمُوا أَنَّ اللَّهَ بِكُلِّ شَيْءٍ عَلِيمٌ (بقره، ٢٣١)

Allah'ın size lütfettiği nimetini ve semavi kitabı ve size indirdiği ilahi hikmeti hatırlayın ve onun öğütlerinden faydalansız. (bakara /231)

- وَإِذْ قُلْنَا ادْخُلُوا هَذِهِ الْقَرْيَةَ فَكُلُوا مِنْهَا حَيْثُ شِئْتُمْ رَغَدًا وَادْخُلُوا الْبَابَ سُجَّدًا وَقُولُوا حِطَّةٌ نَغْفِرْ لَكُمْ خَطَايَاكُمْ ۚ وَسَنَزِيدُ الْمُحْسِنِينَ (بقره، 58)

Ve biz: "Bu şehire (Kudüse) girin, ve bollu nimetlerinen yeyin Ve salihlerin mükafatını artıracağız. (bakara /58)

- الصَّابِرِينَ وَالصَّادِقِينَ وَالْقَانِتِينَ وَالْمُنْفِقِينَ وَالْمُسْتَغْفِرِينَ بِالْأَسْحَارِ (آل عمران، ١٧)

Onlar sabreden, doğru söyleyen, itaat eden, rızık veren ve sabahleyin istiğfar edenlerdiler (Âl-i İmrân Suresi /17)

- فَانْقَلَبُوا بِنِعْمَةٍ مِنَ اللَّهِ وَفَضْلٍ لَمْ يَمْسَسْهُمْ سُوءٌ وَاتَّبَعُوا رِضْوَانَ اللَّهِ ۗ وَاللَّهُ ذُو فَضْلٍ عَظِيمٍ (آل عمران، 174)

O müminler topluluğu, Allah'ın lütfuyla hiçbir acı çekmeden ve Allah'ın rızasına uyarak geri döndüler ve Allah'ın büyük bir lütuf ve rahmeti vardır. (Âl-i İmrân Suresi /174)

- وَمَنْ يُطِعِ اللَّهَ وَالرَّسُولَ فَأُولَٰئِكَ مَعَ الَّذِينَ أَنْعَمَ اللَّهُ عَلَيْهِمْ مِنَ النَّبِيِّينَ وَالصِّدِّيقِينَ وَالشُّهَدَاءِ وَالصَّالِحِينَ ۚ وَحَسُنَ أُولَٰئِكَ رَفِيقًا (نساء، 69)

Ve Allah'a ve peygamberine itaat edenler, elbette Allah'ın kendilerine nimet verdiği kimselerle (Nisâ Suresi/ 69)

- فَرِحِينَ بِمَا آتَاهُمُ اللَّهُ مِنْ فَضْلِهِ وَيَسْتَبْشِرُونَ بِالَّذِينَ لَمْ يَلْحَقُوا بِهِمْ مِنْ خَلْفِهِمْ أَلَّا خَوْفٌ عَلَيْهِمْ وَلَا هُمْ يَحْزَنُونَ (آل عمران، ١٧٠)

Onlar Allahın onlara kendi lütüfüyle verdiği bol nimetlerden mutlular ve onlarda ne korku var ve ne bir üzüntüleri olacak(Âl-i İmrân Suresi /170)

mutsuzluklarımızın sorumlu kim?
Biz bunu kabul etmeliyiz ki kendimiz hayatımızdan sorumluyuz ve başka bir sorumlu peşinde olmamalıyız. Diğerlerini sorumlu bildikçe, bu hayatı apar topar etmek için hiç bir iş yapamayız.
Jean-Paul Sartre böyle diyor: doğuştan gelen bir felç, atletizm şampiyonu olmuyorsa, kendisi suçludur.
Bu güzel bir bakış açısı ki insan olaylardan kendisini sorumlu tuta. Biz hiç bir zaman bir olayla karşılaşanda, annemizi, babamızı, arkadaşınızı, eşimizi, ekınomik durumu ve toplumu suçlu bulmayalım.
Bu bakış açısı ki her zaman hatalarımızıdan başkasını sorumlu tutak, bize sürekli hata yapmağa izin verir ve bununla hiç bir zaman ileri gidemeyiz.
Ayağımız bir taşa çarptığında ve yere çarptığımızda bile, taşa sertçe vurduğumuzu ve ,bu taş benim düşmemden sorumluydu, dediğimizi düşünmek gibidir.

Dışımızdaki her şeyin bizim düşüncelerimizin sonucu olduğunu kabul edersek, daha rahat yaşarız ve hayatın avucuuzun içinde olduğunu bilirsiniz ve nasıl isterseniz öyle çözersiniz. Dedikodu yapmasanız, arkanızca dedikodu yapmazlar. Sen kötü şeyler söylemezsen, senin hakkında kötü şeyler söylemezler.

Evrenin kuralları

Olumsuz düşünceleriniz yoksa, Kötü olaylara kendine çekmiyeceksin.
Dünyanın kuralların bilseniz, güzel bir hayat tecrübe edeceksiniz. Benin tevsiyem bu, tüm dış faktörleri bırakın ve kendi içinize takılın. Bu sizin tek kurtuluş yolunuz, siz ki tüm dünyanı kontrol edemezsiniz size zarar vırmamak için, amafikirlerinizi olumlu edebilirsiniz ve bununla kötü olaylara mani olursunuz. Hayatınızın tüm kişilerin ve koşulların kendiniz seçmişsiniz. Hayal edin ki bir büyük üniversitenin öğretmenisini. Zihninize hiç gelermi sokak kavgalarında size zeng açıp ve sizde yardım isteyeler ve siz bir sopa, bıçak götürüpte kavgaya gidesiniz? Kesinlikle yok. Çünkü siz hiç bir zaman kavgayı düşünmüyorsunuz. Bu nedenle sokak kavgalarında yeriniz yok. Her kimse neye odaklanıyorsa onu hayatına davet eder.
Her gün odaklandığınız konu ne? Yoksulluğu ve nuksanı düşünüyorsunuz yoksa serveti ve bolluğu, barışı düşünüyorsonuz ya savaşı, itimadı düşünüyorsunuz yoksa haınliği, hastalığı düşünüyorsunuz yoksa sağlığı.
Şimdi halınız iye değilse yalnız ve yalnız geçmişte düşüncelerinizden kaynaklanır. Ama bu kitabı okuyunca geçmişdeki gibi düşünmüyeceksiniz ve o oranda hayatınız değişecek. Siz bir gecede mesela 30 kilo almadınız bir gecede de azaltasınız. Bununla fikirleri değişmek için onları düzeltmelisiniz. Dünyada hiç bir şey için acele etmeyin.

Evrim kuralı

Evrim kuralının size daima yardımcı olduğunu bilmelisiniz. Bunu düşünün ki biz her şeye düşündüğümüzde hayatımızda tezahür etseydi nolurdu? Çünkü biz her an hem olumlu ve hem olumsuz düşüncelerimiz var; hayatımız kaos ve kargaşayla dolu olurdu.

Her şey evrim içinde. Örneğin, önce bir hücreydiniz, sonra iki hücreydiniz ve böylece tam teşekküllü bir embriyo olana kadar çoğaldınız ve doğduğunuzda yavaş yavaş büyüdünüz.

Bu kural aklınıza gelen her şeyde geçerlidir. Siz bir tohumu ekersiniz, bir kaç günden sonra neyiniz olacak? Islak bir tohum. Bir gecede büyümesini ki beklemiyorsunuz. Tüm işlerinizde evrim kuralına uyarsınız, hiç acele ve stresiniz olmaz. Fazla para sahibi olmak içinde bunu uygulayın bir sorun çıkmaz. Mesela sizi geliriniz ayda bir milyon liraysa, gelecek ay yüz milyon lirayi kazanmayı bekleyemezsiniz. S,z aza azar bu kazancı elde edeceksiniz. İşletmelrinizde de bir anda büyümeni beklemeyin. Zaman ayırıp ve adım adım işletmenizi geliştirmelisiniz. Düşüncelerinizde de değişiklik etmek için zamana ihtiyacınız var. İzin verin olumlu fikirler usulca zihninizde yerleşsin ve olumsuz fikirler azalsın. Her gün daha olumlu düşünmeye çaba gösterin. Göreceksiniz bu bakış açasıyla dünya yaşamak için ne kadar güzel bir yer olacaktır.

Eğer bir işleriniz var ki yapması size zor, bu yöntemi kullanın. Mesela kitabınızı yazmak için her gün bir sayfa yazın ya bir yeni dili öğrenmek için her gün on dakika ayırın. Giderek göreceksiniz ki tüm işleriniz her hangi bir güçlük çekmeden yapılmıştır. Harika bir karakter oluşturmak için de zaman ayırın. Uutmayın en büyük imparatorluklar bir gecede ortaya çıkmamış. Profesyonel bir atlet bir gecede şampiyon olmamış. Bu nedenle sabırlı olmalısınız ve her bir işin büyümesi için yeterli zaman ayırmalısınız.

Cazibe ve titreşim ve enerji kuralı
Cazibe kuralı bu demek ki siz ne düşündüyseniz diş alemde o olacaktır ve her ne kadar fazla odaklandysanız, o kadar erken olacaktır. Zihnimize gelen her bir fikirde kendi benzer enerjisine cezb olacaktır.
Yoksulluğu düşünürseniz daha fazla yoksul olacaksıız ve serveti düşünürseniz, zengin olacaksınız...
Yaşadığımız dünya hepimizin hayalinde katıdır ve her şey sert ve berkdir örneğin dolap, araba, taş ve ... Kuantumnan bilseniz, nesnelerin atomlardan ve atomların da sicim(string) adı verilen küçük parçacıklardan oluştuğunu göreceksiniz. Bu stringler dönüyorlar ve dönme sayıları yukarı gittikce bir sert ve berk duvar oluşturuyorlar.
Bir yelpazeyi dikkata alın, çalışmadığında kolaylıkla elinizi içine koya bilirsiniz ama çalıştığında kimse

denemek için parmağını cesaret edipde içine sokamaz, çünkü duvar gibi sert ve berkdir.

Bu, şu dünyaya göre bileceğiniz en önemlei noktadır. Her şey enerjide oluşur ve tüm aynı enerjiye sahip olan şeyler sizin yapmanız bir iş gerekmeden bir birlerinin yanısıra g.derler; yani her enerji kendi benzer enerjisine cezb olur. İyice fark etmeniz için bir örnek veriyorom. Mesela bir kaç tane çaydanlık kaynamağa koymuşsunuz, su kaynadıkta ne oluyor...buharlar sizin yardımınız olmadan havya gidiyorlar...şimdi bir kaç tene taşı suyun içine atsanız ne olur. Hepsi suyun altına gideceği malum . siz taşa ya buhara bir iş mi yaptınız... Paranı düşündüktede para size akışır. Çünkü her şey kendi enerjisiyle olana gider. Öyleyse tüm aynı frekansa ve titreşime sahip olanlar yan yana gidecekler... eğer her an titreşim gönderdiğinizi bilersiniz, düşünce değişikliğiyle kolaylıkla kendi istediğinizin titreşmesin göndereceksiniz.

Bu size dediğim sihirli lambanın devidir. size dediğim; yani her neyi düşünseniz onu hayatınıza zorluluk olmadan çekeceksiniz.

Bu kuralı öyle öğrenmelisiniz ki bilinçaltı zihninize gitsin. Mesela ilk defa sürücülük yaptığınızı hatırlıyormusunuz, nasılıdınız. Tüm dikkatiniz öneydi ve bazi zamanlar vites değiştirmek için ona bakmanız gerekiyordu ve başka problemler ki iyi bilirsiniz.

Ama bir sure uygulamadan sonra kolaylıkla sürücülük yapıyorsun ve hatta cep telfununla konuşuyorsun ve

hatta birisi bir soru sorsa cevap veriyorsun. Bu yani sürücülük senin bilinçaltı zihnine girmiş.
İlk aşamada çoklu uygulamalar gerekir. Ben ilk anahtarı size veriyorom....**uygulama...uygulama... uygulama...**
Unutmayın fazla servet fazla çalışma anlamında değil. siz düşüncelerinizi değiştirmelisiniz. kesinlikle birilerini görmüşsünüz ki az çalışıpta fazla gelir elde edirler ve ben kidemeli size bunu nasıl yapabileceğinizi diyecem.
Eğitim kurumunda süpervizör olarak çalışırken, örneğin sekiz yarıyıl okuduklarını ve hiçbir şey öğrenmediklerini şikayet eden öğrencilere, ilk yarıyıldan okumaya başlayın dedim. Çünkü böylece siz yukarı duzeyden ilk derslere bakırsınız ve okuyorsunuz ve göreceksiniz bu aşamada daha çok öğreniyorsunuz ama öyle görünüyor ki kimse düzeyinden aşağı inmek istemiyor ve o yalnış düşünceyle ve başkalrının sözlerine göre ve dedikodularına göre yalnış düşünceyi sürdürür ve bir kaç yıldan sonara umutsuzca eğitim kurumunu bırakıyorlar.
Bu örnrği cazibe kuralına göre başka bilgilerinizi bırakıp da yalnız bu kitabı okumanız için verdim,başkalarıyla hiç kıyaslamadan. Sonra bu işi bir kaç defa daha yapmalısınız, çünkü bir kitabı bir kaç defa okuduktan sonra henüz onu hanlayabilirsiniz ve her defa yeni bir nokta bulursunuz; bu demek ki yukarı düzey bilgiyle konuyu daha iyi algılıyabilirsiniz.

Bu nokta sizin öğrenmenizin altın anahtarlarındandır... benim kitaplarımı görerseniz öyle zan edersiniz ki bin kişi bin kere bunları okumuş...

En önemli nokta bu ki siz bunu kabüllenmelisiniz ki hayatınızın tüm yüklümlüğü kendinizin. Bu kitapta azar azar bileceksiniz ki kastım ne.

Yıllar önce düşünüyordum Allah neden kendi ruhundan bize üflemiş ve amaçı neymiş. Anladığım en harıka şey bu ki bizimde yaratıcılık gücümüz var. Buna inanmak hayatınızı alt ust eder.

Bo konuya inanmak ki insan kendi hayatını değiştirebilir çok heyecan vericidir.

Genellikle cazibe kuralı hayatınızda ne vardıysa kendiniz çektiniz demek istiyor. Bu inanç size güç verir ve önemlisi bu ki, kimseni suçlu bulmuyorson ve hayatınızı istediğiniz şekilde değişebilirsiniz.

Cazibe kural genellikle titreşim ve frekansdan ibaret ve ikiside aynı. Şimdi titreşim ne demek... yanı bir şeye tekrarlı dikkat etmek. Cazibe kuralı istiyorom istemiyorom bilmez, ne sipariş ederseniz size hazırlar.

Mesela hayal edin mutfağa gedirsiniz yemek hazırlamak için ve şöyle diyorsunuz soğan istiyorom, yağ istiyorom ve et istiyorom ve ... hiç bir zaman istemediklerinizden konuşmuyorsunuz. Mesela demiyorsunuz salça istemiyorom... pirinç istemiyorom...patates istemiyorom... aslında her neyi isterseniz götürüyorsunuz ve başka eşyalarla işiniz yok...cazibe kural istemiyorom anlamaz... Aynen fotokopi makinesi ne verirsen onu kopyalar...bu örneği

Evrenin kuralları

verdim bunu için ki sırf istediğiniz şeylere odaklanasız...mesela bu ev çok küçük bunu istemiyorom demiyesiniz. Rüyalarda gördüğünüz evi düşünün ve ondan konuşun.

Eğer sürekli hastalığı düşünürseniz daha fazla hastalık çekeceksiniz ve ya her zaman borçlarınıza ve fatureleri ödemeyi düşünürsünüz, fazla borçlar talep edirsiniz. Birşey deyim mühtemelen korkasınız. Eğer başkalrını arkasıca dedikodu yapan birisiniz bilmelisiniz ki onların tümü hayatınıza girecek.

Eüer sğrekli gazetenin olaylar kesimini okuyorsunuz çoğu kotu olayları bekleyin. Sürekli pahalıktan ve inflasyonnan şikayecisiniz ve ya yoksulluk ve mutsuzluktan konuşursunuz, yoksulluk ve talıhsızlığı bekleyin.

Onlar ki bir sokak kavgası görüncek ya da bir trafik kazası seyirci olurlar, cep telfonların çıkarıp film çekmeğe başlıyorlar benzer olayları kendi hayatlarında beklemeliler.

Sürekli hainlikten konuşanlar ve uydu filmlerin izleyenler ve hainlikleri ve boşanmalrı görenler ve birbirlerine tantanalı tarif edenler, hainliği ve boşanmanı beklemelidirler.

Kötü şeylerden ki hayatınızda defalarca yüzleşmişsiniz konuşsanız ona benzeri defalarca tekrar olacaktır.

Şimdi bir az düşünebilirsiniz, bakın hayatınızın eğemen düşünceleri neler ve siz genellikle neye göre düşünüyorsunuz ve başkalarıyla konuşuyorsunuz. Odaklanma fakat düşünmek ve konuşmak değil...

dinlemekte bir tür odaklanmadır. Bunlar sizin zihninizin girdileridir.

Şimdi görün hep talihsizliklerinizden konuşsanız hayatınız nasıl olur...

Bahane getirmeyin... her neyi düşünseniz o olur... eğer bu düşüncenin karşısında ki hayatınızı düşüncelerinizle değiştirebilirsiniz direnmiyesiniz, hayatınızı alt ust edeceksiniz. Dünyanın bollukla dolu olduğuna inanmak, sizi kurtarır ve bu adeletin kendisidir.

Buna dikkat edin eğer fala bir şeye düşünürseniz onan fazla alacaksınız . fikirlerinizi yetkiniz altına alın hayatınızı yetkiniz altına almak için... önemli değil şimdi ne durumdasınız, uradan başlayın hayatınızı yeniden kurmaya. Kesinlikle soracaksınız nasıl ve ne zama istediklerimi elde edeceğim. Demeliyim onun zamanını yalnız Allah bilir. Siz her ne kadar daha fazla titreşim gönderirseniz bu zaman daha azalır.

Hayal edin bir taşı su uzerine atıyorsunuz. Küçük dalgala oluşturur, her ne kadar merkezden uzaklaşır bu dalgalarv büyüyor. Bizde hayatı bu yörüngelerde yaşamalıyız. Kimse ilk yörüngeden son yörüngeye kendini atlatamaz.

Mesela ayda bir milyon lira geliri olan bir gecede yüz milyona erişemez ve ya kötü bir duygusal ilişkiye sahip olan bir gecede duygusunu düzeltemez... bu konuyu fark etmek sizi bu yolda umutsuzluktan kurtarır ve sabırsızlığınıza mani olur. Yavaş yavaş istediğinizi elde edirsiniz.

Hayat veren cümleler

İçinizde nüfuz etmek için ve onlardan derin bir algı almak için defalarca ve defalarca okuyacağınız cümlelerdir bu cümleler. Unutmayın sırf bilgilerinizi çok olması yetmez onları uygulamalısınız.

1. Fırsat beklemeyin onu yaraltın.
2. Geri çekilmeyin ilerleyin.
3. Kıyaslamayın, benzersiz olun.
4. Hayattan koşmayın onu kabul edin.
5. Saf olun, gizemli olmayın.
6. Yargılamayın adaletle davranın.
7. Kendiniz olun, eşsşz olun.
8. Allahın kulu olun, her zalimin elinden kurtulursunuz.
9. Gözlerinizi gerçeğe kapatmayın, zihninizi açık tutun.
10. Zayıflığınızı kabul edin, güçlü olursunuz.
11. Sevin, sevileceksiniz.
12. Susun, konuşan bilgi olursunuz.
13. Mudahileye bırakın: rehberlik talep eden olursunuz.
14. Az konüşün, etkili olursunuz.
15. Kendinize yetkiniz olsun: evrene yetkiniz olur.
16. Zihnin karanlığını fark edin: hayatları ışıklandıran olursunuz.
17. Hatta bu gün en iyş durumdaysanız, bundan daha iyi durumları, uygulayın.
18. Kendinizle sadık olun ve başkalrının size göre dediklerinden endişelenmeyin.

19. Başkalrının fakat güzellik ve çekicilik nedeniyle cezb etmeyin.
20. İnsanlara alaycı sözler söylemeye can attığınızda, asidin ilk olarak yanını yaktığını unutmayın.
21. Düşünülmemiş sözler doslukları tahrip eder ve bozar, ama mihribanlık insanları bir birine bağlar.
22. Her zaman başkalarına mükemel olmak için yardım edin.
23. Sevmekte Allah gibi olun, beklentisiz sevin.
24. Anlamak için akıllı olun ve harekete geçmek için daha akıllı olun.
25. Minnettar olun ve minnettarlığı ifade edin.
26. Kıskançlık ve nefreti kendinizden uzaklaştırın çünkü önce o sizi yakar.
27. Kanaaeti vucudunuzda güclendirin ve gerçek dosların olduğundan minnettar olun.
28. Diğerlerini kendinizden razı olmakla uğraşmayın.
29. Başkalarıyla konuşanda insaflı olun ve izin verin konuşsunlar.
30. Diüerlerinin korkularını ve inançlarını hastalığa göre göz ardı edin ve olumsuz fikirleri kendinizden uzaklaştırın.
31. Moralınızı yüksek tutun ve dış koşullara kapılmayın.
32. Neşeli olmağı gundelik işiniz yapın.
33. Ayna karşısından durupta kendinizi tarif edin.
34. Bağışı kendi evinizden başlayın ve elinizde olandan başkalarına bağışlayın.
35. Gündelik vurgu çümlelerini tekrar ve tekrar edin.

36. Tüm iyiliklerin ve kötülüklerin kaynağı Allah olmağa derin inamınız olsun.
37. Hastalıktan acı çekiyorsunuz, onan konuşmaktan ve ona düşünmekte vaz geçin ve şikayeci olmağı bırakın.
38. Başkalrının zehirli sözlerini dinlemeyin.
39. Allaha tevekkülü unutmayın ve her gün ondan yardım isteyin.
40. Her gün şükür etmek için zaman ayırın.
41. Motivasyon videoları izleyin ve başarılı insanların biyografilerini okuyun.
42. Meditasyon yapmak için her gün zaman ayırın.
43. Mutlu konular peşinde olun onsuz üzgünlükler sizi bulacaktır.
44. Tepkiden çok etki kaynağı olun. duygusal tepkiler bir bulut gibi gerçekleri örter.
45. Size kötülük yapanları yenmek istiyorsanız, başkalarının yanında onlardan iyi konuşun.
46. Döğru ya yalan, başkalarının ayıplarına odaklamayın; ama yürekten onlar minnettar olun.
47. Şunu bilin, insanlara hizmet sizi neşelendirir, hiç bir şey öyle yapmaz.
48. Diğerlerini küçümsemekle kendi aşağılığınızı gösterirsiniz, insanlar her zaman saygı gösterin.
49. Bir hüzün kasırgası bile şakalar ve kahkahalarla kaybolur.

Sakin olun, her şeyin sizin yararınıza biteceğine inanın.

Hayatın ne kadar harika olduğunu bilmiyorsunuz:

O zaman ki istediğini mucize gibi elde edirsisin.
O zaman ki etrafını olumlu etkilediğini hissediyorsun.
O zaman ki bedeninin tüm çerçivesi sağlam.
O zaman ki istediğin yere gidebilirsin.
O zaman ki Allahla konuştuğunda gözlerin yaşla dolur ve onu seve seve kucaklıyıp opmek istiyorsun ve ona, gerçekten minnetdarım her şey için, demek istersin.
O zaman ki binlerce insan sene her gün hayır dua ediyorlar.
O zaman ki her gün aklına yeni servet çeken fikirler gelir.
O zaman ki annene geçmişte verdiğin sözleri gerçekleştire bilirsin ve ona bir harıka hayat hazırlıyorsun.
O zaman ki dünyanın her yerinde çoklu arkadaşlar bulursun.
O zamna ki her ne istersi alarsın ve ödediğin paradan endişe etmesin.
O zaman ki dünyanı her yerine gittiğinde sanki dünyanın en iyi insanları orada.
O zaman ki dünya her gün sene daha fazla harikalar gösterir.
O zaman ki dünya sene fazla bilgiler verir.
O zaman ki insanların kahkahalarına tanık olursun.
Ve sonra kenime diyorom ki, gerçekten kalmamın ve uygulamalarımın ve bilgime her gün artırmağın değeri varmış. Öğretmenlerimin sözlerini dinlemeğimin değeri varmış. Bunu kabüllenmemin ki her gün bilgi düzeyimi yükseltmeliyim, değeri varmış; ve Allaha

şükür ediyorom ki bana marhemet etti . ben her gün öğrenmekteyim, çünkü öğrenmeği tek mutluluk yolu biliyorom.

Sapma kuralı

Kuranda defalarca paygemberimize büyürülüyor ki istemediğine dikkat etme.
Tüm dikkatini Allaha ve istediğine odaklandır. Hatta paygebere emir veriyor kuranı alay edenlere odaklama. Çünkü her kes istemediklerine dikkat ederse onları cezb edir.
Aşağıdakı ayetlerde bakınız Allah nasıl **sapma** dan bahs ediyor.

- اتَّبِعْ مَا أُوحِيَ إِلَيْكَ مِنْ رَبِّكَ ۖ لَا إِلَٰهَ إِلَّا هُوَ ۖ وَأَعْرِضْ عَنِ الْمُشْرِكِينَ (انعام، ۱۰۶)

Ey Peygamber, Allah'tan sana vahyedilene uy, çünkü O'ndan başka ilah yoktur ve müşriklerden yüz çevir.(En'âm Suresi/ 106)

- خُذِ الْعَفْوَ وَأْمُرْ بِالْعُرْفِ وَأَعْرِضْ عَنِ الْجَاهِلِينَ (اعراف، ۱۹۹)

Affi tut, ümmete iyiliği emret ve cahillerden yüz çevir.(Araf Suresi /199)

- سَيَحْلِفُونَ بِاللَّهِ لَكُمْ إِذَا انْقَلَبْتُمْ إِلَيْهِمْ لِتُعْرِضُوا عَنْهُمْ ۖ فَأَعْرِضُوا عَنْهُمْ ۖ إِنَّهُمْ رِجْسٌ ۖ وَمَأْوَاهُمْ جَهَنَّمُ جَزَاءً بِمَا كَانُوا يَكْسِبُونَ (توبه، ۹۵)

Onlara döndüğünüzde, yakında onları inkâr edeceğinize dair size yemin edecekler; Onlardan yüz çevir; Çünkü onlar pisliktir ve yerleri her zaman yaptıkları ihanetlerin cezasıdır. (tevbe suresi /95)

- وَإِذَا رَأَيْتَ الَّذِينَ يَخُوضُونَ فِي آيَاتِنَا فَأَعْرِضْ عَنْهُمْ حَتَّىٰ يَخُوضُوا فِي حَدِيثٍ غَيْرِهِ ۚ وَإِمَّا يُنْسِيَنَّكَ الشَّيْطَانُ فَلَا تَقْعُدْ بَعْدَ الذِّكْرَىٰ مَعَ الْقَوْمِ الظَّالِمِينَ (انعام، ٦٨)

Ve ayetlerimize alay etmek için konuşan bir topluluk gördüğünüzde, onlardan uzak durun, başka bir konuya girin ve eğer şeytan unutturursa, Allah hatırlatıktan sonra zalimlerle bir toplumda olma.(En'âm Suresi /192)

- وَيَقُولُونَ طَاعَةٌ فَإِذَا بَرَزُوا مِنْ عِنْدِكَ بَيَّتَ طَائِفَةٌ مِنْهُمْ غَيْرَ الَّذِي تَقُولُ ۖ وَاللَّهُ يَكْتُبُ مَا يُبَيِّتُونَ ۖ فَأَعْرِضْ عَنْهُمْ وَتَوَكَّلْ عَلَى اللَّهِ ۚ وَكَفَىٰ بِاللَّهِ وَكِيلًا (نساء، ٨١)

Ve sene görevimiz itaat etmek diyorlar ve senden uzak durdukları zaman, geceleyin aleyhinize bir grup kuracaklar ve Allah onların düşüncelerini gece yazacaktır. Öyleyse onlardan yüz çevir ve Allah'a tevekkül et, çünkü senin sığınacağın ancak Allah'tır.(nisa suresi 81)

- فَاصْدَعْ بِمَا تُؤْمَرُ وَأَعْرِضْ عَنِ الْمُشْرِكِينَ (حجر، ٩٤)

Açıkça emir edildiğini tebliğ et ve müşriklerden yüz çeviri.(Hicr Suresi /94)

- قَدْ أَفْلَحَ الْمُؤْمِنُونَ (١) الَّذِينَ هُمْ فِي صَلَاتِهِمْ خَاشِعُونَ (٢) وَالَّذِينَ هُمْ عَنِ اللَّغْوِ مُعْرِضُونَ (٣) (مومنون، ١-٣)

Evrenin kuralları

Gerçekten de müminler kurtuldular. Namazlarında alçakgönüllü olanlar. Ve boş şeylerden yüz çevirenler(Mümin Suresi / 1-3)

- وَنُرِيدُ أَنْ نَمُنَّ عَلَى الَّذِينَ اسْتُضْعِفُوا فِي الْأَرْضِ وَنَجْعَلَهُمْ أَئِمَّةً وَنَجْعَلَهُمُ الْوَارِثِينَ(قصص، ٥٥)

Ve biz saçmaladıkların ve boşuna konuştuklarını duyunca onlardan yüz çevirdik ve böyle söyledik, bizim yaptıklarımız bize ve sizinki size, selam olsun sizlere, cahiller hak etmiyor(Kasas Suresi /55)

- فَأَعْرِضْ عَنْهُمْ وَانْتَظِرْ إِنَّهُمْ مُنْتَظِرُونَ(سجده، ٣٠)

Önlardan yüz çevir ve bekle onları ki onlarda beklerler(Secde Suresi /30)

- فَأَعْرِضْ عَنْ مَنْ تَوَلَّى عَنْ ذِكْرِنَا وَلَمْ يُرِدْ إِلَّا الْحَيَاةَ الدُّنْيَا(نجم، ٢٩)

Ey peygamber bizim tesbihimizden yüz çeviren ve dünya yaşamına bağlı olan her kesten yüz çevir.(Necm Suresi/ 29)

- أُولَئِكَ الَّذِينَ يَعْلَمُ اللَّهُ مَا فِي قُلُوبِهِمْ فَأَعْرِضْ عَنْهُمْ وَعِظْهُمْ وَقُلْ لَهُمْ فِي أَنْفُسِهِمْ قَوْلًا بَلِيغًا (نساء، ٦٣)

İşte bunların kalplerini Allah biliyor.öyleyse onlardan yüz çevir, onlara öğüt ver ve onlarla güzel ve güzel söz söyle.(Nisâ Suresi/ 63)

Hayatta da siz bu kuraldan iyicesine yararlanın. Bir şeyden üzgünseniz ona dikkat etmeyin. Her neye odaklansanız onu hayatınıza davet ediyorsunuz. Eğer bir kimsenin hayatınızdan çıkmasını istiyorsunuz, onunla kavga etmeyin. Fakat yeter ki dikket etmiyesiniz hayatınızdan çıkmak için.

Sizin göreviniz ne?
Demeliyim Allah çok adildir. O dünyada bir takım kurallar koymuş ne geçmişinizle bir işi var ne geleceğinizzle. O fakat şimdiyle uğraşıyor. Siz baskın frekanslarınız ve düşünceleriniz haline gelirsiniz. Allah size kendi takdirinizi belirleme izni vemiş. Allah hiç bir zaman sizin yetkilerinizi değerlendirmez. O sizi sonsuz yetkiyle yaratmıştır. O size her hangı bir kabiliyetinizi geliştirmeğe izin veriştir. Yetki sizinle ki hayat görevinizi bulup ve uyguluyasınız. Bü evrende her bir parçacık bir görev peşinde ve belirli yerine rehberlik olunur ve kendi yürüngesinde yürüyor. Bu evrenin görevidir.

Yasin suresi 38 inci ayette, Allah böyle büyürüyor: ve güneş kedi maksatına yürüyor. Bu alim ve yetkili Allahın emiridir. Ve aya bir takım maksetler belirledik ve bununla bir zaman kuru bir hurma dalı kadar, ince olur. Güneşle ay hiç bir zaman bir yerde olamaz, gece gündüzden önce olamaz ve hepsi gök yörungelerinde yürüyorlar.

Bununla bu intizamli evrende, görevsizliğin hiç bir anlamı yoktur. Her küçük düzensizlik aradn kalkmalıdır. En ufak bir amaçsızlık yıkıma mahkumdur. Bizim görevimiz her andabelirlenir, güclenir ve büyük ve daha büyük olur. Biz dğnya kurallarıyla uyumda olarsak güçleniriz ve hidayet oluruz. Evrenle uyumda olmazsak, olduğumuz noktada dururuz ve durgunluk yani geri kalmak ve gelişmemek. Çelişkiler içinden başarılı olmağı başarmalısınız. Biz dünyaya gelmişiz kendimizi tanımakla ve çeşitli deeylerle yüzleşmekle, kendi vucudumuzu tüm boyutlarda geliştirelim.

Bu zorluklarla yüzleşmek ve onları çözmek, sorunları çözme yeteneğimizi artırır. Gelişme sorunları çozmekle gerçekleşir. Bizim görevimiz fakat gündelik işlerimiz değil. belki, ilgi alanlarımızı keşfediyor ve bilinmeyeni denemeye ve deneyim dediğimiz yeni zorluklarla yüzleşmeye devam ediyoruz. Bildiklerinizle hareket edene kadar hiçbir deneyiminiz olmayacak.

Kesinlikle her gün kendinizden bu soruları soruyor olmalısınız.

- Görevimi bilmiyorom? Hayat görevimi nasıl bulabilirim?
- Eğer görev bu kadar önemliyse neden onu bulmak için çoşkum yok?
- Nasıl kendi gerçek isteğimi elde ede bilirim ve başarılı olabilirim?
- Neden ben başlamaktan korkuyorom? Başarılı olmasam ne olacak?
- Nasıl asıl amacımı ve görevimi bulabilirim ve onu gerçekleştirmeyle hem neşe ve hem serveti elde edebilirim.

En önemli ve keyifli işlerinizden biri görevinizi bulmaktır. Göreviniz sevgiyle yapabileceğiniz bir iştir ve bu işi yaptığınızda, zamanın geçişi sizin için önemli değildir ve tüm gün aynı şeyi yapıyorsanız zamanın geçişini hissetmıyorsunuz. Ödeme almasanız bile aynı şeyi yaparsınız. Seni sıkmayan bir şey. hevesle yaptıüınız bir iş ve yine de tekrar tekrar yapmak istiyorsunuz.

Bir iş ki onu yapanda gözlerinizde ışık parlıyor ve dudağınızda gülümse görünüyor. Kendi kendinize aşık olursunuz ve kendinizi övüyorsunuz. Görev siz ona göre dünyaya geldiğinizi hissetiğiniz bir iştir.

görev, sizi Allaha daha yakın hissettiren bir iştir ve onu yaptığında kendinle gurur duyuyorsun.

Görevi anlamanın ilk adımı, Allahın her şeye rehberlik ettiğini bilmektir. Dünya rehberlik üzerine kuruludur. Herkes, dunyanın kurallarıyla uyum içinde olduğunda yönlendirilir. Nasıl ki bir tohum doğru toprağa, suya ve ışığa maruz kalır kalmaz büyümeye ve ışığa, ağaç olmaya ve meyve vermeye yönlendirilirse, biz de hareket etmeye ve daha fazlasını kazanmaya karar verir vermez öyle oluruz.

İkinci adım, hayatınızın bilinmeyen kısımlarına girmek ve deneyimlerinizin çemberini artırmaktır. Her gün bilginizi artırmanız gerekiyor. Asla böyle değildir: Bir köşede oturun ve düşünerek, görselleştirerek ve sadece hayal ederek görevinizi bulun. Bunun yerine, yol boyunca deneyim kazanmanıza ve kendiniz hakkında daha net olmanıza ve ilginizi bulmanıza yardımcı olacak sorunlarla karşılaşacaksınız.

Üçüncü adım, evrene hizmet ederseniz ve dünyayı genişletirseniz ve değer yaratırsanız, dünyanın sizi genişleteceğini anlamaktır. görevimiz her zaman kendimizi tanımaktır. Görevimiz, büyümek ve bize her an belirli işaretler şeklinde gelen rehberlik ve ilham almaktır. görevimiz bu işaretleri tanımak ve ciddiye almaktır.

Adım adım yönlendirilmek için. Neden? Çünkü sınırsız yarandık. Bizim hayatımızın görevi büyük bir prespektifdir. Büyük, kutsal ve harşka bir amaç; çünkü büyümemizr mani olamayız, dünyayı geliştirmeğimize mani olamayız. Biz bahane elde ederk kendimizi bir işe sınırlayamayız ve okumuyalım. Yeter ki inançlar sınırını giçelim ve yeni arsaları deneyelim. Yaşam deneyimimiz, yeni bir yemek pişirmek veya yeni bir elbiseyi yeni bir şekilde dikmek veya belirli bir şekilde çizim yapmak veya bir top atış pratiği yapmak, kilo vermek, yeni bir iş deneyimlemek veya bir değişiklik yapmak olabilir. kısa bir seyahate çıkmak, yeni bir kitap okumak, yeni bir dil öğrenmek veya başka bir şehre taşınmak veya göreviniz bir şey yapmamak veya tutum değiştirmek olabilir. Belki bir işi bırakmak, bir ilişkiyi bırakmak, bağımlılığı bırakmak, kırgınlığı, öfkeyi ve nefreti bırakmak, kötü dili bırakmak ya da sadece bırakarak bir sonraki adıma geçebileceğimiz kötü alışkanlıkları bırakmak. Bu adımları atmazsanız her geçen gün geri kalacağız ve her gün daha büyük çelişkilerle karşı karşıya kalacağız, sorunları çözme gücümüz kalmayacak ve vazgeçeceğiz.

Bu Allah'ın adaletidir, değişmeye karar verdiğinizde, dışardaki değişiklikleri hızla görebilirsiniz. Allah size yardım etmek için ellerini gönderir. Belki de bu değişikliklerden biri bir öğretmeni tanımaktır. Allah sizinle onun aracılığıyla konuşur.

Öz güven ve öz saygı
Öz güven yani işleri yapma yetkisi ve öz saygı yani değerli olmak hissi.
öz güven, bir şeyler yapabilme yeteneği anlamına gelir. Ne kadar çok beceri öğrenirseniz, o kadar kendinize güvenirsiniz. Yeni şeyler yaparak ve deneyim kazandıkça özgüveniniz giderek artacak ve korkularınız azalacaktır. Yeni bir dil öğrenmek size yardımcı olacaktır. Unutmayın, bir görevi ne kadar ustalıkla yaparsanız, o kadar özgüvenli olursunuz. Bu nedenle, bir beceri veya uzmanlık kazanmak için bir iş öğrenmeye odaklanın.
Aslında, öz sayı veya benlik saygısı, her insanın kendine verdiği değer miktarıdır. Değersizlik duyguları inançlar, deneyimler, duygular vb. yoluyla kazanılır. Kişi kendini değerli ve yetenekli görsün diye; Yani kendiniz hakkında olumsuz düşünceleriniz varsa, öz saygınız düşüktür. Kendiniz hakkında iyi ve olumlu hissediyorsanız, öz saygınız yüksektir. İşte bazı öz saygı belirtileri.
- Kendi hayatımızın sorumluluğun üstleneriz.
- Öğrenmeyi ve yeni deneyimler kazanmayı sevelim ve kendimizi faydalı ve etkili hissedelim.

- Zorluklarla ve problemlerle doğru şekilde ve uygun davranışımız olsun.

İnsanların öz saygısı ve öz güveni, çocukluktan itibaren anne ve baba ve diğerleri tarafından oluşturulan ve yaratılan çocukluk dönemine kadar uzanır. Her gün birkaç dakika aynanın karşısında durun ve kendinizden tarif edin. Siz kendinizi severseniz tüm dünya sizi sever. Kendinizi sevmesez dünya size sevimli olmadığınızı isbat edecek. Hiç bir zaman öz saygınızı sizi istemeyen bir kimseye harcanayın. Hiç bir zaman kimseye sizi sevmeye ısrar etmeyin. Aşk için kole olmayın. Eğeryeterli öz güven ve öz saygınız yoksa, onu yenide öğrenmeniz lazım. Bizim sitemize başvurun ve öz güven ve öz saygı kursunu elde edip ve dinleyin. Öz güven ve öz saygı sizin üçmak için iki kanatınısdır. Onlar olmadan bir iş ilerlemez.

Öz saygınızı yükseltmek için:
- Olumlu ilişkiler kurun.
- hayır demeyi öğrenin.
- Hoşa gelmez olayları kabul edin.
- Kendi amaçlarınızı belirleyin.
- Etkin insanlarla istişare edin.
- Kötü vesveselerin üstesinden gelin.
- Kendinizle marhemetli olun.
- Kendinize değer verin.
- Saygıyla davranın.
- Düşünerek konuşun.
- Okuyun.

- En iyi yemekleri yiyin.
- Kendinizi en iyisine layık görün.
- En iyi restoranlara gidin.
- Sıradan herkesle konuşmayın.
- Güzel ve düzenli elbiseler giyin.
- Edepli ve saygılı olun.
- Kendinizi değerli bilin.
- Davet edildiginiz her yere bilerek gidin.

Bolluk inançı

Hayatımızda her zaman sorunlarla baş başa olmayacağız. Hayallerimizi gerçekleştiremeyeceğiz veya birine yardım edemeyiz. nuksan bizim nihai kaderımız değil.

Siz bollukta yaşamağayarandınız; ama kendinizi sorunlarla meşgul etseniz, nuksan inançı kolaylıkla sizde olüşabilir... yoksulluğu düşündükçe, fazla zenginlik elde edemeyeceksiniz.

Nuksan inançını aradan kaldırmalısınız ve bolluk inançın kendinizde yaratmalısınız. Allah öyle bir yollardan bolluğu sizin hayatınıza dahil eder ki kendinizde düşünmüyordunuz.

Ona güvenirseniz, size gelirinizin ve maaşınızın ötesinde ve ayrıca şimdiye kadar gördüğünüz her şeyin ötesinde bir şey verecektir. Allah'ın sana ne bıraktığını bilemezsin. O'nun yaşam yolunda olmasını emrettiği ilerlemenin, fırsatların ve ilahi lütfun farkında değilsiniz.

Allah hayır ve bereketlerin size sunmaktan memnundur. Allah her şeye sahiptir ve sizi hedeflerinize yönlendirebilir. Kendinize çok fazla inanç oluşturun. Her gün etrafa bakın ve bolluk inancı oluşturun. Örneğin, çevrenize bakın ve mahallenizde kaç tane giyim mağazası olduğunu görün ve ardından ülkenizde kaç tane giyim mağazası olduğunu ve dünyada kaç tane giyim mağazası olduğunu hayal edin. Hiç sayılmaz. Şimdi dünyada kaç çift ayakkabı olduğunu görün.

Dünyada kaç araba var. Dünyada ne kadar insan var. Dünyanın ağaçlarında kim bilir kaç yaprak vardır. Kitaplarda yazılan kelimelerde birkaç nokta var. Çöllerde birkaç çakıl taşı vardır.

Etrafınıza bakın ve her gün dünyada daha fazla bolluk örneği bulun. Her zaman su, elektrik, gaz gibi doğal kaynakların tükendiği söylenirdi, artık dünya güneş enerjisinden elektrik üretiyor. Bitirilebilirmi . Dünya her zaman genişliyor ve ilerliyor ve her şeyin üzerinde büyüyor. Yıllar öncesine giderseniz para kazanma yollarının bile arttığını görürsünüz. Kitle iletişim araçları arttı. Aklınıza gelebilecek her şeyden daha fazlası.

Beyaz eşya ve rifah için eşyalar ve paray ve hayal edebileceğiniz her şey sonsuzdur. Dünya her gün genişliyor ve kendinize bu genişlemeden bahsetmeye devam etmelisiniz.

Bu dünyayı yaratan Allah her şeyi düşünmüştür. Elbette bu israf anlamına gelmez, ancak nimetlerin

doğru kullanılması bir şükretme türüdür. Her gün yeni nimetler bulun ve şükğür edin.
Hayat sizin için daha çok keyifli hale geliyor. Yoksulluğa inanmak her zaman üzerinizde baskı yaratır ve yüreğinize korkular aşılar. Harcamaktan korkuyor ve sen etrafındakiler için hayatı zorlaştırıyorsun. Bu dünyanın tadını çıkarmaya geldiniz. Allah bize tereddütsüz rızk verir ve onun arşında nuksan yoktur. O çok cömerttir. Daha azını isteme. Hayalleriniz sizi korkutacak kadar büyük değilse, o zaman hiç hayaliniz yoktur.

Son söz
Kitabı sona kadar okudunuzsa sizi tebrik ediyorom. Çünkü şimdi arzularınıza kavuşmak hevesi daha fazla. Çoğu insanlar hatta bir kitabı sona kadar okuyamazlar. Luftfen bu kitabi kaç defa okuyun ve ses dosyasını sitemizden elde edin ve her gün bir mıktarını bilinçaltınızda yerleşmek için dinleyin. Sizin arabanız seyyar sınıfınızdır. Ses dosyasını dinlemek için en uygun durumdur. Sizin bilginizi servet, duygusal ilişkiler, öz güven, öz saygıyla ilgili ve bunun yanısıra yaşam becerilerinizi geliştirmek için hem işde ve hem evlenmekte görsel ve sesli benzersiz kursular hazırladık ve her hangi bir kursumuza ihtiyacınız olursa elde edebilirsiniz. Bir yıl şu kitabımızı ve dosyalarımızı okuyun ve dinleyin ve uygulayın. Sonuçta değişimleri açıkca görebşleceksiniz. Sitemizde düşüncelerinizi arkadaşlarınızla paylaşın ve sonuçları

hakkında bilgi edinin ve rehberlik isterlerse deneyimlerinizi onlarla paylaşın. Tüm doslara dünyanı neresinde olursa olusn, mutluluk, sağlık ve servet arzu ederim.

Hoşca kalın

Sitemizin adresi: www.moghadasii.com

www.ingramcontent.com/pod-product-compliance
Lightning Source LLC
Chambersburg PA
CBHW071431070526
44578CB00001B/76